ビジネスで
1番よく使う

中国語Eメール&
SNS

そのまま使える文例140

CCアカデミー／大羽りん／趙青

Jリサーチ出版

件名： **はじめに**

中国企業とのメールでのやりとり、Wechatでのやりとりが増えて困っていませんか？ これまで中国とのやりとりは特定の担当者が引き受けて行うことが多かったのですが、取引が増えた今はそうは行きません。どんな企業でも、どんな部署でも、どんな職種でも中国企業とのやりとりが出てきています。

この本は中国語を学習したことがある方を対象にしています。学習したことがあるのに、なかなかメールを書くのが難しい、SNSでのやりとりでどう書けばいいか分からない。そんな方の悩みを解決します。

中国でのメールの書き方についての知識がなくても大丈夫です。さまざまなシーンを網羅した実例を載せ、困ったときに日本語から検索できるようにしています。また、見開きページで日本語と中国語が左右対称になっているので、使いたい中国語表現をすぐに見つけることができます。

「中国語でEメールを書くのが難しい」と感じる人に共通するのが、次の3つです。

❶ 書き方の基本的なルールやマナーを知らない。
❷ 中国語の書き言葉を知らない。
❸ 実際によく使われる表現を知らない。

「書けない」のではなく、「知らない」ことが多いだけなのです。本書は、このような「知らない」こと、つまり「知ってさえいれば中国語でEメールがスラスラ書ける」ことを目指して制作しました。テーマから定型表現、実例のメール文をヒントに自分の書きたい内容を盛り込んで、実際に手を動かして書いてみましょう。

日本語やテーマから検索できるため、本書を「メール専用のミニ辞典」のように活用していただくのもよいでしょう。

大羽りん・趙青

目次

第 1 章　中国語 E メールを書く基本　⑪

第 2 章　中国 SNS のメッセージの基本　㉟

第 3 章　中国語 E メール・SNS メッセージ文例集　69

E メール・フォーマル編

本書の使い方

ポイント❶

定型表現を覚えよう！

ビジネスシーンの説明と、該当シーンでよく使われる「絶対に覚えておきたい中国語の定型表現」が紹介されています。定型表現を覚えて、該当シーンに適した「最も重要なメッセージ」を伝えましょう。

ポイント❷

件名に注意！

ビジネスメールでは、件名が特に重要です。本書で紹介する例から、伝わりやすい件名の感覚をマスターしましょう。

041 納品の遅れを謝罪する

定型表現 对此次到货延迟深感歉意。
商品の到着が遅れてしまい、誠に申し訳ございません。

件名： **商品到着遅れに関するお詫び**

王　長　様

平素よりご愛顧いただき、心より感謝申し上げます。
メールをいただき、直ちに商品と注文書について、確認させていただきました。
貴社よりご注文をいただきました当日に発送をしましたが、配送の段階で遅延を生じたようです。また配送業者より当方に連絡を頂くこともなかったようです。すでに配送会社に明日直ちに商品の発送をするようにお願いしており、二日後には商品がお手元に届くかと思います。
今後はより一層発送の確認作業を強化し、再発防止に努めて参ります。
この度は商品の到着が遅れてしまい、誠に申し訳ございませんでした。
メールにて恐縮ですが、とり急ぎご報告とお詫びを申し上げます。
今後とも変わらぬお引き立てのほど、よろしくお願い申し上げます。

吉川スーツ株式会社
物流部　船木　清

📋 **中国ビジネスの豆知識！**

中国の宅配便市場は競争がとても激しく、全体的には業務量も売り上げも右肩上がりで伸びていますが、低価格競争から脱出するのが難しい状況です。どの業者もスピードを追い求めていますが、配達をリアルタイムに確認ができる業者を選ぶことをお勧めします。

150

ポイント❸

日中のビジネス文化を知ろう！

「中国ビジネスの豆知識」では、取り上げられているビジネスシーンや文面の内容にまつわる日中のビジネス文化の違いを紹介しています。

6

⊕ ここがポイント！

納期の遅れを謝罪する際にはことの経緯を説明する必要があります。そして再発防止策を伝えることで信頼回復を図ります。件名にある"函"は改まった場面てよく使われています。

×

標題：　**商品到货延迟道歉函**

王兵先生：

您好！

收到您的反映后，我们立即对商品和订单进行了查询。
我方在您订货当天就已发出商品，但快递环节出现了滞留，且一直未通知我方。我方已要求该快递公司明日立刻发送商品，预计两天后将交到您的手上。
对于此次到货延迟我们深感歉意。
今后我们将进一步加强发货确认工作，以防此类事情再次发生。
先致致歉，幸恕不周。
望今后也一如既往地给以关照和支持。

青川西服株式会社
物流部　船木清

単語 Vocabulary

☐ 函 hán ／ 手紙、書簡
☐ 西服 xīfú ／ スーツ
☐ 滞留 zhìliú ／ 止まる、滞在する
☐ 一如既往 yīrújìwǎng ／ これまで通りに
☐ 环节 huánjié ／ ポイント、部分
☐ 手上 shǒu shàng ／ 手元

151

ポイント❹

文書作成の流れを チェック！

該当ビジネスシーンにおける、文書作成の流れをわかりやすく解説しています。ほかにも、定型表現の補足説明や、定型表現以外に同シーンでよく使う表現も入っています。まずは「ここがポイント！」を読んで、該当シーンの文書の作り方を学ぶことが重要です。

ポイント❺

日本語と中国語を比べて読もう！

左ページに日本語、右ページに中国語があります。レイアウトが左右対称になっていますので、知りたい内容の中文がどこにあるか、一目でわかります。

※本書の和文と中文は、それぞれ日本・中国で自然な言い回しとして受け入れられるよう、直訳ではなく意訳ぎみに翻訳されています。

ポイント❻

単語も要チェック！

中文のテキストで使用されている、シーンに関連した単語をピンイン・訳つきで掲載しています。

7

中国語のタイピング方法について

中国語の入力方法

● ローマ字（ピンイン）入力

　ここでは、中国大陸で使用されている「簡体字」の入力方法について主に説明していきます。

　「簡体字」の入力方法は、中国語の発音記号「ピンイン」を使ったピンイン入力が主流です。ピンインとは、発音をあらわすローマ字と、音の抑揚をあらわす記号からできています。中国語の音の抑揚のことを「声調」と言います。

　音の抑揚をあらわす記号（声調記号）は入力せず、ローマ字だけを入力して中国語を表示できます。

　本書ではこの「ピンイン入力」の方法を主に説明します。

● その他の入力方法

　手書きパッドで直接文字を書いたり、音声による入力も可能です。また、台湾では台湾版の「ひらがな」ともいわれる符合（注音）を入力することが多いですが、本書では割愛させていただきます。

実践しよう！

① 中国語のキーボードをスマートフォン・PC に追加！

　※ここでは、中国大陸で使用されている「簡体字」の「ピンイン入力」の方法について説明しています。

● PC

　Windows： STEP ① スタートメニューから「設定」へ

　　　　　　 STEP ②「Windows の設定」画面から「時刻と言語」をクリック

　　　　　　 STEP ③「時刻と言語」が表示されたら「言語」をクリック

　　　　　　 STEP ④「言語」から「優先する言語を追加する」をクリックし、「中文（中华人民共和国）」（中国語、簡体字、中国）をインストール

Mac：　　　STEP ① Launchpad から「システム環境設定」へ

　　　　　　STEP ②「システム環境設定」から「キーボード」へ

　　　　　　STEP ③「キーボード」から「入力ソース」へ進み、左下の「＋」をクリック

　　　　　　STEP ④ 左側の言語一覧から「簡体中国語」を選び、右側の入力方式から「拼音」を選択して「追加」ボタンをクリック

● スマートフォン

Android： STEP ①「Google Play」にて「Google ピンイン入力」をダウンロード

　　　　　　※最新のアンドロイド端末には、「Google ピンイン入力」がプリセットされています。その場合は STEP ①を飛ばしてください。

　　　　　　STEP ②「設定」から「言語と入力」へ

　　　　　　STEP ③「現在のキーボード」から「キーボードの選択」で「Google ピンイン入力」をオンに変更

iOS： 　　STEP ①「設定画面」の「一般」から「キーボード」へ

　　　　　　STEP ② 一番上の「キーボード」を押し、一番下の「新しいキーボードを追加」へ

　　　　　　STEP ③ 下の方にある「その他の IPHONE 用キーボード」の中から中国語（簡体字）を選び、「拼音 － QWERTY」を選択

② 早速入力してみよう！

★ 你好（nǐ hǎo）を入力してみよう

まずは「你好」（こんにちは！）に挑戦してみましょう。

ピンインが「nǐ hǎo」となるので、ローマ字で「nihao」と入力すると、以下のような選択肢がでてきます。

ni'hao

1 你好　2 你号　3 拟好　4 倪浩

声調を入力しないので、声調が異なる単語も予測機能で表示されます。「你好」は頻出単語なので、予測機能で１番目に出てきました。１番目を選択します。

★李明虹女士（Lǐ Mínghóng nǚshì）を入力してみよう

次にメールの受取人のお名前を入力できるよう、「李明虹女士」（李明虹さん）を練習しましょう。

李明虹女士のピンインは「Lǐ Mínghóng nǚshì」ですので、「liminghongnvshi」と入力します。

※ ピンインを調べるには、中国語の文字を中国のウェブサイトや中国語辞典のウェブサイトなどからコピーし、Google 中国語翻訳に貼り付ける（ペーストする）のがおすすめです。
※「ü」はキーボードで「v」と入力します

li'ming'hongnvshi

| 1 黎明洪女士 | 2 李明 | 3 黎明 | 4 黎鳴 | 5 李铭 | 6 利明 |

人名になると一発変換ではなかなか出てきません。「李明」を選びます。

李明 hongnvshi

| 1 洪女士 | 2 虹女士 | 3 洪 | 4 红 | 5 宏 | 6 鸿 |

「李明」を選ぶと、次に「hongnvshi」の予測変換が出てきました。ようやく「虹女士」の登場です。「虹女士」を選べば完成です！

★我们已经收到了您的简历。（Wǒmen yǐjīng shōudào le nín de jiǎnlì.）を入力してみよう

最後に文にチャレンジしましょう。我们已经收到了您的简历。（履歴書を拝受いたしました。）のように文になると、一発で変換するのは難しいので、単語ごとで入力していきます。その後の要領は、「你好」や「李明虹女士」と同じです。

Women yijing shoudao le nin de jianli.
我们 / 已经 / 收到 / 了 / 您 / 的 / 简历。　　と入力する !!

第1章

中国語Eメールを書く基本

まずは中国語Eメールを書くための基礎知識を学びます。宛先の使い分けから、本文の基本ルールや書き方のポイント、件名の注意点や署名の書き方まで、中国語Eメールの基本を身につけましょう。

よく使われるEメールならではの表現も掲載しています。

1 中国語Eメールの基礎知識

1. 宛先（收件人）

❶ "收件人"（宛先）

　　メールの送信先、つまり受信者のメールアドレスをここに入れます。中国では同姓同名の方が社内に複数在籍していることも多いので、フルネームに会社名や部署名なども一緒に設定して区別するとよいでしょう。

发送	收件人	
	抄送	
	密送	
	主 題：	

❷ "抄送"（カーボン・コピー、CC）

　　複数の人に同じメールを送信したい場合に使用します。ここに複数の送信先メールアドレスを入れると一斉に同じメールを送ることができます。
　　但し中国では"抄送"に自分の名前が入っていても、"抄送"なら関係ないだろうと思われてしまいがちです。読んでほしいなら宛先に入れる方が確実です。また中国では日本ほど「ホウレンソウ」が厳格ではないので、自分が所属する

部署の上司にCCをつけて送ることは少ないです。

> **ポイント** **受信側に全ての送信先メールアドレスが表示される**
>
> ☆ 個人の氏名やメールアドレスを複数の人に教えてしまうことにもなります。
> ☆ 受信者から「勝手に私のメールアドレスと名前を公開してもらっては迷惑だ」
> とのお叱りを受ける可能性がある場合は、使用しないようにしましょう。

❸ "密送"(ブラインド・カーボン・コピー、BCC)

"抄送"と同様、ここに複数の送信先メールアドレスを入れると、複数の人に同じメールを一斉送信できます。ただ、大きな相違点は、"密送"(非表示)にしてくれることです。個人情報である氏名やメールアドレスを受信側全員に知られることを避けたい場合は、"抄送"ではなく、"密送"を使いましょう。送信先を全て"密送"に入れると、お互いのメールアドレスはもちろん、送信者が誰に送信したのかも分かりません。ただ、この場合は、Toに送信者が自分のメールアドレスを入れることを忘れないでください。

ここでも同様にホウレンソウの感覚の違いから中国ではBCCを使うことは少ないと考えて問題ありません。

> **ポイント** **" 收件人"や 抄送"で送信先に指定した人々以外に内緒で送りたい人がいる場合に、" 密送"は使える**
>
> ☆ 内緒で送りたい送信先のメールアドレスだけをBCCに入れます。
>
> **" 密送"で受信した人は、「全員に返信」しないように注意**
>
> ☆ 送信者が内緒で"密送"の受信者にメールを送信していたことが、"收件人"や
> "抄送"で受信した人に知られてしまいます。

❹ "主题"（件名）

　　件名は**具体的かつ簡潔**に書くのがよいでしょう。例えば、何かについて問い合わせをしたい場合は、件名を"询问"「お問い合わせ」と書くのではなく、"关于贵公司营业时间的询问"「貴社の営業時間に関するお問い合わせ」のように問い合わせ内容を具体的に明記しましょう。ただし返信の場合、"Re："で相手の件名をそのまま使うこともよくあります。

　　また、お詫びなどネガティブな内容に関するメールでも、件名で用件を優先的に伝えたほうがいいです。例えば添付資料を忘れた場合の"附件补发"「資料の補足」、到着が遅れる時のお知らせは"到货延迟事宜"「商品到着遅延」にすれば良いでしょう。お詫びの気持ちはメールの本文で表せば十分です。一方、かなり深刻な誤りなどを起こし、謝罪目的のみで改まったメールを送りたい場合、"道歉函"「お詫び」などは使えます。

　　"关于*****的问题"「*****の問題について」、"有关*****事宜"「*****の件」などとするのが一般的ですが、件名は受信トレイでは文字化けすることがあるため、英文にしても良いでしょう。件名に自分の社名や名前を記載しておくと迷惑メールと間違われにくく、対応してもらいやすいと言えます。

> **ポイント**　" 问候"「挨拶」とだけ書くとスパムメールに間違われる
>
> 　☆ "问候"「挨拶」、"抱歉"「お詫び」、"紧急"「緊急」とだけ件名に書かれたスパムメールが散見されるためです。スパムメールだと勘違いされると、読んでもらう優先順位が下がるどころか、アンチウィルスソフトにはねられる可能性もあります。

　Hello! などの件名もスパムメールと間違われる

　☆ ビジネスメールでは、感嘆符を件名に使用するのはなるべく避けましょう。

　どうしても「重要」や「至急」を強調したい場合

　☆ タイトルの後ろに自分の社名と名前を記載しておく、具体的な契約番号や商品名を記載しておくなど相手にメールを開いてもらうための工夫をしましょう。

❺ "附件"(添付ファイル)

送信したい電子ファイルを選ぶと、添付ファイル名が「附件」部分に表示されます。

ポイント 添付ファイル名は必ず半角英数字で書く

☆ アルファベットで書けば大丈夫だというわけではありません。全角で書くと、文字化けしてしまいます。特殊記号や絵文字もです。

件名によく使う表現

問い合わせ	关于〇〇的询问 〇〇合作事宜	「～に関するお問い合わせ」 「～のご協力につきまして」
見積り	请提供〇〇报价	「～のお見積をご提示ください」
注文	〇〇订购事宜	「～のご注文につきまして」
請求	〇〇请款单	「～のご請求書」
要望	希望缩短交货期 请求调价联络函	「納期短縮のお願い」 「価格ご変更のお願い」
クレーム	关于〇〇质量问题 要求退货	「～の品質問題につきまして」 「ご返品のお願い」
アポ	有关贵公司拜访事宜	「貴社ご訪問につきまして」
社内	人事部开会通知 请提交〇〇	「人事部会議のお知らせ」 「～のご提出をお願いいたします」
出張	关于出差期间的业务交接	「出張期間の業務引継ぎにつきまして」
イベント	〇〇公司限量商品特价大放送!	「～社限定商品の大放出セール!」

通知	催款通知	「お支払催促のご連絡」
	○○银行营业时间调整通知	「〜銀行営業時間ご変更のお知らせ」
採用	录用通知	「採用のお知らせ」
	未录用通知	「不採用のお知らせ」
近況	近来可好？	「最近どう？」
	近况汇报	「近況報告」
誘う	○○会展参观邀请函	「〜展覧会見学のお誘い」
	聚餐计划	「会食のご予定」
報告	（关于）一季度销售业绩报告	「今季の販売業績報告（につきまして）」
見舞い	关于○○的慰问	「〜のお見舞いにつきまして」
	住院问候	「ご入院のごあいさつ」
お礼	谢谢您的礼物	「贈り物ありがとうございます」
	感谢函	「感謝のご連絡」
謝罪	道歉函	「お詫びのご連絡」
助言	关于○○的几点建议	「〜に関するいくつかのご提案」
	有关○○的想法	「〜に関する考え方」

2 中国語Eメールの書き方

1. 頭語

❶ 改まった間柄の場合

　　会社名を書いたあと、改行して役名、個人名、敬称を書きます。宛名のあとには、コロン（：）をつけます。実際、細かい形式にこだわらず、改行やコロンを使わない中国人もかなり多いですが、本書では正式な書き方を基本としています。

　　中国語の役職名をそのまま使用するのか、日本式に翻訳するかは会社の慣習によって異なりますので、周りの方の書き方を見て、真似ると良いでしょう。

【基本ルール】
男性："＊＊先生"

女性："＊＊女士"　※相手が若い女性の場合は、"＊＊小姐"と記す場合もある。
　　　　　　　　　　　また、台湾では"＊＊女士"より"＊＊小姐"の方が頻繁
　　　　　　　　　　　に使用される。

「関係者各位」："各位相关人士/同事"

役職つき："＊＊董事长"（「＊＊董事長」または「代表取締役」）
　　　　　　"＊＊总经理"（「＊＊総経理」または「＊＊社長」）
　　　　　　"＊＊科长"（「＊＊科長」または「＊＊課長」）
　　　　　　"＊＊老师"（＊＊先生）
　　　　　　"＊＊总"（＊＊総経理、＊＊総裁）※親しくなった場合
　　　　　　※役職のみを敬称として使うことも可。

役職がなく、性別もわからない：呼び捨て　※呼び捨てでも失礼にはあたらない。

[例]
● 役職がない相手
　　王先生/王女士：
　　（相手が若い女性の場合）王小姐：

● 担当者名がわからない場合
　　尊敬的〇〇公司
　　负责人：

● 普通のビジネスメール（特にやり取りがまだ少ない場合）
　　〇〇公司
　　销售部
　　王部长：

● 何回もやり取りがあった後
　　王部长：

● 特定の方に敬意を示したい場合
　　尊敬的王老师：
　　尊敬的王董事长：

● 相手の性別と役職が分からない場合
　　王文：
　　您好！

　　王文先生/女士：
　　您好！

❷ 親しい間柄の場合

　　"小李"や"老张"などと親しく呼びかけましょう。中国語は二音節の響きが良い上に、言いやすいためです。日本人の苗字は二音節が多く、二音節では響きが良いので、"松本"や"田中"などと呼び捨てで呼びかけても問題ありません。さらに親しい間柄ですと、親しい気持ちを込めて、"亲爱的"を頭につけたり、下の名前で呼んだりします。（この使い方は基本女性同士のみです。異性ですと恋人限定になります。）

ポイント "张总"など役職を省略することもできる。

☆フォーマルな場面などではを冒頭に加える尊重して敬称をつけるのが望ましいですが、その煩雑さから省略する傾向がみられます。"张总经理"や"李总裁"などは"张总"や"李总"と省略したり、"王副总经理"や"林副总裁"を"王总""林总"と省略することもあります。相手を持ち上げる意味もあるため、副総経理に対して"总"は特に良く使われます。

日系企業などでは「さん」"桑"や"san"を使うことがある

☆中国人同士では性別や微妙な人間関係で相手を呼び分けるので、日本式の「さん」「様」をとても楽だと思う人が多いです。ただし、役職がある相手には使わない方が無難です。

呼称を使って相手との距離を徐々に縮める

☆最初は丁寧な表記をしますが、徐々に相手との距離を縮め、親しみを込めた表記にするのも中国式。呼称に限ったことではないのですが、表現もフォーマルな表現からカジュアルな表現に少しずつ変えていくと相手との距離を縮めることが可能です。

相手との距離を保っておきたい場合はしっかりとしたフォーマルな表現に

☆セクハラを防ぎたいなど、相手との距離を保っておきたい場合にはいつまでもフォーマルな表現を続けると効果的です。

2. 本文（Body）

ルール❶　左揃えで書く

　　一般的な中国語の文章の書式は段落の始めに2字下げ（段落の頭を2文字あける）で書きますが、メールの文章は、2字下げをせず、左詰めで書いても問題ありません。特にフォーマルなメールの場合では2字下げが時々見られます。

ルール❷　1行は読みやすい字数で

　　1文で何行も続く、長い文章は受信者にとってとても読みづらく、一般的に敬遠されがちです。中国語のメール文では、日本語のメールと同様に意味のかたまりで改行し、読みやすくするのがベストです。特に最近はスマートフォンでメールのやりとりをすることが多く1行の文字数を通常より減らすと良いでしょう。また、内容が変わる時には段落を変えます。その際に1行空けると読みやすいです。

※本書ではスペースの関係でそのように改行しておりません。

ルール❸　【書き出し】【主文】【結び】の3部に分けて、簡潔に

　　中国語のEメールでは、すぐに主題に入ることが多いです。具体的には、以下の3部構成で書くのがよいでしょう。

（1）書き出し：何についてのメールであるかを述べる

　　前文はつけず、名前の後に"您好！"と書いて改行し、用件を書き始めることが多いです。返信の場合は"您好！"の代わりに、"您的邮件已收悉。"「メール拝受しました。」や"谢谢您的邮件"「ご連絡ありがとうございます。」）などから始めても問題ありません。

（2）主文：内容の詳細を述べる

20

（3）結び：伝えたことを確かめる一文または結びの一文を述べる

ルール❹ 視覚的に読みやすいメールを心がける

　言語が日本語であれ、中国語であれ、メールは読み手にとって読みやすいことが最も重要です。パッと見て読みやすいメールを書くには、以下のポイントをおさえることが大事です。

- 文字サイズは10〜12 pt.にする。
- 文字フォントは、「SimHei」「FangSong」「SimSun」にする。
- 1段落をあまり長くしない。
- 1通のメールの段落数は、3段落程度におさめる。

箇条書きを使うとわかりやすく、読みやすいメールになります。

ルール❺ 日本的な定型文はいらない

　日本語のメールでは、「いつもお世話になっております」などの定型文ともいえる挨拶や、季節の挨拶から書き出すこともありますが、このような日本的な挨拶文は中国語のメールには使わないほうが自然でしょう。
　ただ、「日本的な儀礼」はいらなくても、人としての気くばりや配慮は必要です。上述ルール❸の結びの部分で示した具体的な表現を付け加えるとよいでしょう。

- 丁寧な表現を使う
- 相手を責めるような文章は書かない
- ネガティブな表現は用いない
- メールを送信する前に、必ず読み返す
- 返事はなるべく早く返す

ルール❻　丁寧度レベルを把握しておく

　「日本的な定型文はいらない」などの真意を誤解して、失礼かつ稚拙な文章を書かないように気をつけましょう。丁寧すぎる表現や、日本独特の枕詞的な定型文は避けるべきですが、世界共通の認識としてエチケットは必要です。

　また、事務的な連絡などの場合は気を遣う必要はありませんが、中国では書く文章の品格によってその人のレベルを測る文化がありますので、フォーマルなレターに近い内容ではきちんとレベルの高い中国語ネイティブに翻訳してもらった方が無難です。

　さらに前述のように相手との距離を縮める手段としても丁寧度のレベルを変える必要があります。丁寧度に関する語彙の知識をあらかじめ学んでおくことは有用でしょう。

丁寧度

烦请您回电为感。
请您给我回电话，好吗?
你能给我回个电话吗?
给我回个电话!
别忘了给我回电话!

ポイント　**口語体ではなく文語体を使う**

　　☆中国語では書く文章でその人のレベルを測るところがあります。フォーマルな場面であまりにカジュアルな表現をしてしまうと、信用されません。しっかりと文語体で書けるようにできれば品格が出ます。

書き言葉への書き換え練習！

中国語でも、口語と書き言葉では違った言い回しをする表現があります。メール内で口語を使っても問題ありませんが、文章語を使うとぐっと正式な中国語らしい表現になります。

次の意味のフレーズ・単語を書き言葉に直して、カッコの中に入れてみましょう。

1. 能不能　　（　　）给我更详细的资料介绍？

2. 是不是　　请尽快告知您（　　）同意，以便我们下订单。

3. 有没有　　房间里（　　）宽带？

4. 把　　　　请用E-mail（　　）帐单先发过来。

5. 不能　　　当天已有其他安排，（　　）调整，我们深感抱歉。

6. 如果　　　（　　）有问题，请随时与我联系。

7. 在　　　　（　　）9 月10 日之前正式订购。

8. 为什么　　报告书（　　）至今未到？

9. 从～到～　（　　）2021 年12 月29 日（　　）2022 年1 月6 日为新年停业期间，特此
　　　　　　奉告。

10. 给　　　希望您能在百忙之中于10 月31 日之前（　　）答复。

[答え]
1.能否　2.是否　3.有无　4.将　5.无法　6.若(若是)　7.于　8.为何　9.自～至～　10.给予
(予以)

ルール❼　日本語との記号の違いに気をつける

　　日本語と中国語で、意味が違う句読点などの文章記号が多数あります。例えば「、」など、間違いやすいものもありますので、まとめて確認しておきましょう。

　　。　⇒(句号)平叙文の文末につける。

　　，　⇒(逗号)文中の意味の切れ目につける。日本語の「、」(読点)に相当。

　　、　⇒(頓号)並列を示す。日本語の「・」(中点)に相当。

　　：　⇒(冒号)次に詳しい内容を提示することを示す。

　　；　⇒(分号)副文中の関連を持つ2つの文の切れ目を示す。

　　？　⇒(问号)疑問文や反問句の文末につける。

　　！　⇒(叹号)感嘆文や挨拶の文末につける。

　　""　⇒(引号)会話や強調する部分の引用を示す。日本語のカギカッコに相当。

　　()　⇒(括号)注釈部分を示す。

　　《》　⇒(书名号)書籍名、新聞名、雑誌名、法令などを示す。

　　文章を読む時にも「，」(意味の切れ目)と「、」(並列)の違いに気をつけて読みましょう。

　　コロンやセミコロンの使い方は、特に箇条書きの際に使用しますので、実際の文例を通して注意して使い方を覚えるとよいでしょう。

3. 結語

　　日本語の「まずはご連絡まで」などにあたる文は中国語では正式には、下記の2つのいずれかの形が一般的です。

---

a.　～○○○○○○○○。此复。（返信する場合）
b.　～○○○○○○○○。此致。

　　また、中国語では、日本語では頭語にあたる「お世話になっております。」「貴社ますますご繁栄のこととお慶び申し上げます。平素は格別のご高配を賜り、厚く御礼申し上げます。」などの表現を文末に入れることが多く、下記のように締めくくると良いでしょう。

●中国語におけるメール文での終わりのあいさつ
日本語では「敬具」にあたる言葉で、結語は頭語と対応して使われる。
結語、末文の置かれる位置の規則は正式なフォーマットでは下記のとおり。

a. 基本ルール
　～○○○○○○○○。此致。祝
　商祺！
b. 実際の用例1
　～○○○○○○○○。此致。
　祝
　商祺！
c. 実際の用例2
　　～○○○○○○○○。
　此致
　祝
　商祺！

以下のような結語を用いてもよい。

祝好！ / 祝安好！ ⇒ 比較的カジュアルでよく使われる表現。

祝工作順利！ ⇒ 相手が会社などで働いている場合によく使う。

謹祝商安。 ⇒ ビジネス関係で商売を行っている相手に対してよく使われる表現。

4. 署名

　ビジネスメールなどでは、最後に署名を書きます。日本語または中国語のいずれでも大丈夫です。多国籍企業の場合、英語で書くこともよく見られます。本書の実例シーンでは署名を簡略にしていますが、実際では、企業ごとのテンプレートがあるので、そのまま使っていただいて基本問題ありません。

　日本人名については、漢字は相手も分かりますが読み方が異なるので、ローマ字表記を添えておいたほうがよいでしょう。

　以下の例を参考にしてください。

● 中文

[氏名]	铃木 美奈子
[役職名]	部门长
[部署名]	海外营业课
[会社名／組織名]	东京国际股份公司
[住所]	103-0027 东京都中央区日本桥1-1-1
[電話・Fax番号]	电码 +81-(0)3-0123-4567
[メールアドレス]	电子邮件 minako-suzuki@tokyoglobal.co.jp

● 英文

[氏名]	Minako Suzuki
[役職名]	Chief
[部署名]	Overseas Sales Department
[会社名／組織名]	Tokyo Global, Inc
[住所]	1-1-1, Nihonbashi, Chuo-ku, Tokyo, Japan 103-0027
[電話・Fax番号]	Tel/Fax: +81-(0)3-0123-4567
[メールアドレス]	E-mail: minako-suzuki@tokyoglobal.co.jp

3 知っておきたいビジネスEメールの中国語表現

1. 時節の挨拶

　　中国では一般的に時節の挨拶をEメールの冒頭に入れることは少ないです。しかし、日本のビジネス文化にある程度理解がある中国の方に対しては、時節の挨拶を入れることをお勧めします。

　　中国では言葉にその人の品格が表れると考えられていますので、相手に合わせて格式の高い文学的な表現を使いこなせると、ぐっとセンスの良い中国語になり、相手からの好感度もUPします。少しずつ自分のボキャブラリーを増やしましょう。

	初春时分	早春の候
	值此新春佳节来临之际	新春の候
	春意愈发盎然	春の気配が日に日に増してきていますが
春	阳春三月　春暖花开	陽春の候
	又到樱花烂漫时	桜花爛漫の折
	春光明媚	うららかな春景色が美しいですが
	又是一年翠绿欲滴时	新緑鮮やかな季節となり

	梅雨时节		梅雨の候
	寒暑易节之际		季節の移り目の時期
	盛夏时分		盛夏の候
夏	酷暑炎夏时分		酷暑のみぎり
	值此夏去秋来之际		秋暑厳しき候
	夏日已近尾声		夏も終わりに近づいて
	新凉之际		新涼の候
	秋高气爽		爽やかな初秋となり
	天高云淡秋色浓		澄み渡る空に秋の訪れを感じる
	秋凉之际		秋たけなわの候
秋	金秋十月桂花香		秋深く菊花香る頃
	赏枫时节		紅葉狩りの季節を迎え
	又到红叶层林浸染时		紅葉の季節となり
	丰收的金秋季节		錦秋の候
	寒意渐浓之时		日増しに寒さつのる頃となり
	严冬酷寒之际		春の気配が日に日に増してきていますが
冬	值此除旧迎新之际		新年を迎えるに当たり
	大地银装素裹		白一色の冬景色となり
	在这个岁末繁忙的时节		歳末多忙の候
	又到数九隆冬时		寒に入りいよいよ寒気厳しき

2. 頻出フレーズ10選

❶ 「大変お世話になっております。」

　　何度もやりとりしている相手には"您好！"のみで十分です。実際、何も書かずに要件に入ることもよくありますし、失礼ともされていません。
　　より丁寧に書きたい場合や挨拶状などでは"承蒙关照"「ご高配に預かりありがとうございます」などの言葉が使われます。

[例]

何度もやり取りしている相手：您好！（こんにちは！）

丁寧に書く場合：承蒙关照。（ご高配に預かりありがとうございます。）

❷ 「〜について」

　　"有关（关于）〜""有关（关于）〜之事/一事"の他、"（有关）〜事宜"などの言い方もあります。基本的な意味はどれも「〜について」ですが、"事宜"は"〜之事"や"〜一事"に比べ、具体的な内容がある事項に使われることが多い表現です。

[例]

有关/关于 发票　　　　　　（請求書について）

有关/关于 报价单 之事/一事　　（お見積についての事項）

有关昨晚发生的质量问题事宜　　（昨晩起こった品質問題についての事項）

❸ 「ここにお知らせします」

中国語では「ここに〜お知らせします」というニュアンスを出して"通知如下""现做如下通知"でつなぐと、中国語らしい文章になります。

例

公司对相关人员的工作进行了调整，现通知如下。
（李下記のとおり人事異動を行いましたので、お知らせいたします。）

❹ 「以下の通りです」「下記の通りです」

用件が複数ある場合は箇条書きを用いましょう。
先に箇条書きにする事項を述べた後に"〜如下："と記します。"〜如下"の後には「：」（コロン）を、各条項を並列で記す時には「；」（セミコロン）を使います。

例

我方要求如下：　　　　　（弊社の要求は以下の通りです。）

● 降价十万日元　　　（10万円のお値引き）

● 提前一周送货　　　（一週間の納期前倒し）

❺ 「お手数をおかけしますが、よろしくお願いします。」

「お手数をおかけいたしますが、お願いします」というニュアンスを表す時は"烦请"という表現がよく使われ、"请"だけよりも丁寧な印象を与えます。また"予以协助"もセットで覚えたい表現です。相手に何かをお願いする際の、締めの言葉の一つとして使えるようにしておくと便利です。

［例］

烦请您予以协助。

（お手数をおかけしますが、ご協力のほどよろしくお願いいたします。）

❻「先般は」

　　"上次"を使ってもよいですが"此前/日前"を使うと文章語らしくなります。なお"此前/日前"は「先般は」「先日は」という意味ですので、それほど時が経っていない時のみ使えます。

［例］

此前洽谈取得圆满成功，我非常高兴。

（先般は商談がうまくまとまり、大変嬉しく存じます。）

❼「～していただき、ありがとうございます」

　　「～していただき」の部分は中国語では一度切って"对此"でつなげるとスムーズです。感謝の言葉も"非常感谢""（对此/特此）表示感谢""（对此/特此）深表谢意"などいくつかバリエーションを覚えておくとよいでしょう。

［例］

您上周莅临敝公司，我们对此非常感谢。

（先週は弊社までお越しいただき、誠にありがとうございました。）

❽「どうぞ引き続きよろしくお願いします」

　　"望～给予支持和配合（帮助）"や"望～给予大力支持"などがよく使われる表現です。"望～"は"希望～"としてもよいですが、"望～"と簡潔に記すと文章語らしい印象を与えます。

例

望貴公司给予支持和配合。

（貴社のご支援とご協力のほど、どうぞよろしくお願いいたします。）

❾ 「ご多用中恐れ入りますが、」

　"在百忙之中"はよく使われる定型表現です。

例

能否麻烦您在百忙之中将资料寄给我?

（ご多用中、恐れ入りますが、資料をご郵送いただくことは可能でしょうか。）

❿ 「ご返信をお待ちしております」

　"恭候您的回音(回信)"は丁寧な印象を与える目上の人に対する言い方です。返信を促す表現は他にも"盼您回信""希望能得到您的回信"など様々な書き方があります。

例

盼复。　　　　　（ご返信をお待ちしております。　※結語的に使用する）

恭候您的回音。　　　　　（ご返信をお待ちしております。）

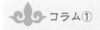 コラム①

中国と日本の連絡手段の最大の違いとはなにか？

緊急時に電話を使用することを除外すれば、日本では企業間の連絡はメールでのやり取りが最も一般的です。メールを書く際のルールがいろいろとあります。例えば、自分や相手の上司、部署にコピーを残します。チームワークが重要である日本企業では、これは自分や相手が突然休暇になっても別の担当者がすぐにその代わりに仕事を遂行するためであり、部署に対して自分自身の仕事の報告の意味もあります。

しかし、中国企業において、業務遂行の単位はチームではなく個人です。業務遂行のやり方や裁量の多くは、個人に任されています。だからこそ、中国企業の担当者の名刺には携帯の電話番号が印刷されているのです。そのため担当者とメールでやり取りをしているときに、途中から担当者の上司のアドレスをCCに入れてしまうと、「私は信用されてない？」などと担当者のメンツをつぶすことになりかねません。

メールではなく、電話やSNSなどの手段を使うほうが好まれます。これはスピード優先の中国社会では当然だと言えることでしょう。

メールアドレスのみでなく、担当者の携帯電話番号やSNSのIDなどを入手し、どんどん連絡を取るのが中国式といえる形です。

どこまで中国式で連絡を取るのか、会社の方針もありますし、ご自身の考え方もあると思いますが、知っておいて損はないでしょう。

第2章

中国SNSの
メッセージの基本

中国ではビジネスシーンでもたびたび登場する、SNS
アプリのテキストのやり取り。
中国SNSを使うための心得や頻出SNSフレーズ・単語、
またSNSに掲載するプロフィールの書き方やコメント
の仕方など、この章で中国SNSのメッセージの基本を
身につけましょう。

1 中国SNSを使う心得

1. 中国SNSを使うときの心構え

● **中国ではメッセージアプリでビジネスのやり取りが頻繁に行われている！**

　　SNSとは、Social Networking Serviceの略で、スマートフォンやPC、タブレットなどで人間関係を構築することができるオンライン上のコミュニティサービスの総称です。

　　中国では、日本でいうLINEのようなSNSのメッセージアプリがあり、そのメッセージアプリでビジネスのやり取りが日本よりも頻繁に行われています。ですので、日本企業側がメッセージアプリを使ってビジネスのやり取りができるようになれば、中国企業側にとってはメリットとして映るわけです。

　　中国企業とのやり取りを行う読者のみなさんもまた、メールだけではなくメッセージアプリでのビジネスのやり取りを行う必要が出てくるかもしれません。そこで、まずは中国のSNSアプリを使う上での心得をご紹介します。

● **メッセージアプリを使うのはビジネスでも当たり前!?**

　　とはいえ、実際メッセージアプリがどのように中国のビジネスで使われているのか、わからない読者の方も多いかと思います。そこで、私の実体験を1つご紹介させていただきます。

　5年前ぐらい（2016年ごろ）の話ですが、横浜に帰任したばかりの横浜市上海事務所長による、中国最新事情に関する講演会があり、私も参加しました。
　その講演会が始まる前に、パワーポイントで表示されていた画面が、帰任した上海所長の個人Wechat（中国で最も使われているメッセージアプリ）IDのQRコードでした。「講演会が開始する前に登録してください」とのことです。講演会が始まると、今度は別のQRコードがPPT資料といっしょに映し出され、それを読み込むと手元のスマホやPCでスライドに表示されているPPT資料を見ることができるようになりました。

中国では、この「QRコード読み取りによる資料閲覧」が一般的で、資料を印刷して配布し、机の上に置いておく日本のやり方はもうほとんどないそうです。質疑応答も、講演者の個人WeChatに参加者が質問を送り、それを講演者がチェックしながら、随時答えていました。質問がある参加者にマイクを回す必要もありません。ちょっとした近未来の感覚でした。

　現在、講演会もzoomなどによるオンラインセミナーが増えてきていますが、対面型の講演会でもこの「Wechat＋QRコード読み取り」型の方法でしたら、主催者側が資料を印刷したり郵送したりする必要は全くなく、参加者が手元でカンタンに資料を見たり、質問することもできるわけです。

● **政治に関する発言はしない**

　　ビジネスでも全面的に活用されている中国のメッセージアプリですが、中国ではメールでもSNSでも、もしくはオンライン会議や直接話をする時も気をつけるべきことは「政治的な発言をしない」と言うことです。中国の国家体制と日本の国家体制が違うため、政治面での発言は極めて敏感な話題になります。要らぬ誤解を招き、会社や関係先に影響が及ばないようにしたいものです。自分側だけでなく、中国人の相手にも迷惑をかけることになるので、要注意です。

　　またSNSでもこういった発言をしてしまうと、SNSではアカウントが凍結されたり、また最悪の場合には、訪中したときに警察に身柄を確保されることもあります。

● **「台湾」と「香港」の表現に気をつけよう**

　　中国とのやりとりの中で、特に日本人が間違えやすいのが「台湾」と「香港」を国として扱ってしまうことです。

　　「今までどの国に旅行へ行ったことがある？」と聞かれたときに、もしみなさんが台北とカリフォルニアに行ったことがあれば、どう答えますか？
　　おそらく「台湾とアメリカです」と多くの人は答えるのではないでしょうか。
　　これは日本人が無意識に台湾を1つの国として認識していることを表していますが、中国のSNSで「台湾は国」という意味合いの発言はNGです。
中国では台湾は中国の一部として認識されています。「台湾とアメリカです」というようにアメリカという国と台湾を同列に扱ってしまうことは、「台湾が国である」、つまり「台湾独立派」として中国政府から判断され、さまざまな不利益を被ることになります。

　　先日もとある日本のスポーツファッションブランドやイタリアの高級ブラン

ドが「香港」を国として表記してしまい、謝罪に追い込まれたケースがありました。

● **日本と中国の歴史認識に関する話に気をつけよう**

ほかにも、日本と中国の歴史認識に関する話は、避けておいたほうがよいでしょう。

仲が良くなった中国人と対面で、またはプライベートで胸襟を開いて話すならともかく、公共の場であるSNS上やメッセージアプリ、またメールを含むあらゆるビジネスシーンでは歴史認識に関する話は触れないのがマナーです。

例えば日中戦争は、当然ですが中国側からみれば揺るぎもない侵略戦争という認識になります。そのため中国にとって重要な歴史上の出来事が起こった日を覚えておくこともお勧めします。例えば以下のようなものです。

盧溝橋事件（7月7日）
満州事変（9月18日）
南京事件（12月13日）

これらの期日に特に発言に気を付けたほうがいいでしょう。とある日系大手電機メーカーは日本の七夕にちなんで、中国で「7月7日新商品発売！」と宣伝した結果、大炎上し謝罪する事態にまでなってしまいました。

2.　中国の代表的なSNS

　　現在、中国のSNS利用者は9億8000万人以上と言われており、この数は世界中のSNSメディア利用者の約五分の一に当たります。また、この数字は日本の人口の7倍以上にもなります。

　　SNS大国の中国では、SNSは人と人との交流のツールとしてだけでなく、情報収集やショッピングツールとしても使われており、SNSは「生活の全てに影響している」と言っても過言ではありません。そして、日本のビジネスと密接な関係を持つものも多くあります。ここでは、特に日本企業のビジネス上でも重要なSNSに絞って、ご紹介させていただきます。

● メッセージアプリ

微信（WeChat）

日本で使用されているアプリにたとえると…	Line
文字数	文字数制限なし。
アプリの特徴	・ネット環境さえあれば、無料でメッセージ・音声通話・ビデオ通話が可能。 ・利用者数は12億人とも言われる（2020年の1月〜3月の月間アクティブユーザー数）。 ・中国人の生活に浸透しており、家族・友人とのつながりには欠かせない。中国で生活している人だけでなく、海外に住んでいる中国人もほぼ全員使っているという印象。 ・既読表示がない。相手が「入力中」という表示がある。 ・日本でダウンロードができ、中国でも日本でも使える。 ・Line同様、友だち追加やグループ作成、ブロックなどが自由にできる。 ・動画サービス、ゲーム、モバイル決済機能（※中国の銀行口座登録が必要）つき。

	・フォロワー数はアカウントの持ち主以外には非公開。 ・投稿者へのコメントやいいねも投稿者と自分、またはその双方ともフォロー関係にある人しか見えない。
ビジネスとしての利用	・中国企業や中国人のビジネスパーソンは、WeChatでのやり取りを好む方が多い。WeChatでやり取りができることは、対中国企業のビジネスではプラスになる。 ・公式アカウントが多数あり、マーケティングや集客などに欠かせない存在になっている。 ・公式アカウントには、企業とユーザーを結ぶサービスアカウント、企業も個人も使える情報配信用の購読アカウント、企業内部管理用アカウントの三種類がある。

● 文字SNS

微博（weibo）

日本で使用されているアプリにたとえると…	Twitter
文字数	最大2000文字。140文字を超えた場合は冒頭の140文字のみ表示され、「全文を展開する」というボタンをクリックすると全文が表示される仕組み。
アプリの特徴	・メッセンジャー機能が主なWeChat（微信）に対して、ユーザーが思い思いの情報を不特定多数に発信することが特徴。 ・政府の報道機関、企業、有名人などの公式アカウントから、一般個人のアカウントまで気楽にフォローが可能。世界各国の最新ニュースから自分の趣味まで幅広い分野の情報を入手できる。 ・文章のみ、あるいは文章と写真か動画を投稿できる。 ・日本でダウンロードができ、中国でも日本でも使える。 ・Twitter同様、フォロー式で匿名性が高く、「お気に入り」機能や「リツイート」機能つき。

ビジネスとしての利用	・日本の大使館、大手企業また一部の報道機関もここを情報発信や情報収集両方の場として使っている。 ・日本のアイドルグループや俳優、有名人などのアカウントが開設されており、関連のツイートが年々増えている。日本人の中国での活動を端的に知ることができる。

● 動画SNS

抖音（Douyin）

日本で使用されているアプリにたとえると…	TikTok　※Douyinが中国版、Douyinの世界版がTikTokという位置付けです。
動画時間	15分間（TikTokは最大3分間）。
アプリの特徴	・短編ビデオとライブストリーミングのアプリ。 ・独自のAIデータ分析でおすすめ動画を表示。 ・若い女性がユーザーの半数を占めている。 ・日本では使用不可。代わりにTikTokが使える。 ・動画のジャンルはショッピング、ライフスタイル、美容、観光、エンタメなど多岐にわたる。コンテンツの質は低俗なものからプロレベルのものまで、玉石混合。
ビジネスとしての利用	・視聴者と配信者がコミュニケーションを取れるライブ配信と、オンライン販売を組み合わせた「ライブコマース」が中国では普及しており、「ライブコマース」の主なプラットフォームの1つになっている。ただし、アプリ内で直接購入はできない。「タオパオ」などにECサイトがあれば、そちらへリンクする機能を使える。（小紅書と異なるところ）

● **写真SNS**

小紅書（RED）

日本で使用されているアプリにたとえると…	Instagram
アプリの特徴	・写真や動画のSNS共有アプリ ・主なジャンルは美容・ファッション ・メインユーザーは若い女性
ビジネスとしての利用	・SNS型のECアプリでもあり、インフルエンサーたちの口コミ投稿に張り付けたリンクから、直接商品を購入できる。 ・日本の大手百貨店なども「越境EC」として利用している。

※2021年8月時点の情報です。

3. 中国で使えない日本のアプリ

　2021年8月現在、以下のアプリは中国では使えないことを認識しておきましょう。

・LINE
・twitter
・Facebook
・Instagram
・Google関連サービス（gmail / google map / google drive / YouTubeなど）

2 SNSでの中国語学習

1. SNSを使った中国語学習のメリット

中国語学習といえば、「中華料理屋の店主に話しかける」「ペンパルを探して文通をする」などが、日本にいながら生きた中国語でコミュニケーションを取る手段でした。

現在はSNSを利用して、中国語の会話練習を行うことは比較的簡単になったと思われます。中国SNSの「WeChat」や「Weibo」のほかにも、言語交換アプリ「Hello Talk」や日本のSNSである「LINE」や「Twitter」、「Clubhouse」などを用いて、中国人と知り合うことができます。SNSを利用すれば、中国語でやり取りできる相手が瞬時に増えることでしょう。その中でも自分と共通の趣味や話題を持つ人と会話を楽しんだり、自分の中国語の作文を見てもらうことは可能です。

SNSで目にする中国語は、一般の人々が話している言葉が文字として形になったものなので、日常で使われる「生きた中国語」であることも重要です。

以下、SNSを用いた中国語学習の例を紹介しますので、ご参考にしてみてください。

SNSを用いた中国語学習の例

使用アプリ	使い方	中国語学習の内容
Hello Talkなどの言語交換アプリ	言語交換（日本語を教え、中国語を学ぶ）	・会話練習 ・信頼関係ができれば、作文添削など
LINE、WeChat	友人作り、人脈形成など	・会話練習 ・文面での中国語の練習 ・信頼関係ができれば、作文添削など

Weibo、Twitter、Instagram	興味のある各分野について調べる	・興味のある分野についての中国語の単語の学習 ・社会、政治、エンターテイメントなどに関して情報全般の収集

※注　小紅書や抖音(Douyin)、爱奇艺，优酷，腾讯视频，土豆网のようなSNSやサイトもありますが、違法にアップしている動画も混在しているため、注意が必要です。

2.　私がビジネスでよく使う中国語サイト

目的に合わせて、以下のウェブサイトを活用しています。

● キーワードで検索する場合
　　「百度」：大手検索ポータルサイト。中国版のグーグルと呼ばれる。
● ニュース全般を見る場合
　　「新浪网」もしくは「搜狐网」
● 情報収集
　　・中国政府の公式ウェブサイト
　　・調べたい企業などの微博(Weibo)オフィシャル・アカウント
　　・調べたい企業などの微信の公式アカウント
　　・各種メディアのアプリ

※どこのインターネット世界も情報過多で、どの情報源が信頼できるのか中国人の知り合いに聞くのが一番の近道だと思います。

3 SNSでよく使う中国語ボキャブラリー

1. 覚えておきたいSNSの中国語フレーズ・単語

● よく使うSNSに関する中国語会話表現

我通过社交网站了解最新的热门话题。	SNSを利用して最新の話題を入手しています。
那个微博博主是一位韩国歌手。	あの微博のブロガーは韓国の歌手です。
我每天不仅浏览公众号，还经常点"赞"。	毎日公式アカウントを見に行くだけでなく、 いいねもよくします。
他总是在朋友圈里发搞笑帖子。	彼はいつもモーメンツでユーモラスな投稿をしています。
我们建个群来聊天吧。	グループチャットを立ち上げて話そうよ。
我来查一下聊天记录吧。	チャット履歴を調べてみるよ。
扫一扫我的二维码。	私のQRコードをスキャンして。
优酷是一个著名的视频网站。	优酷は有名な動画サイトです。
他是一个网红，有几百万的粉丝。	彼はインフルエンサー。何百万ものフォロアーがいます。

● メッセージアプリでよく使う問いかけと返事

よく使う問いかけ			返事	
最近どう？	你最近好吗? 最近怎么样?	⇒	元気だよ。 まあまあかな。	挺好。 还行。
今時間ある？	你有空吗? 你现在有时间吗?	⇒	あるよ。 ないよ。	有。or 什么事? 没有。or现在有点忙
ご飯いっしょに食べない？	我们一起吃饭吧!	⇒	いいよ。 今日は少し難しいな。	好的。 今天不太方便。
ちょっと待って。	稍等。 or等一下。	⇒	わかりました。	知道了。

● **メッセージアプリでよく使うフレーズ**

よく使うフレーズ	意味
早。	おはよう。
早上好。	おはようございます
大家好。	みなさん、こんにちは。
晚上好。	こんばんは。
谢谢。	ありがとうございます。
这是我的二维码，你扫一下。	私のQRコードです。スキャンしてください。
可以添加好友吗?	友達申請してもいいですか?
你加我还是我加你?	あなたが申請しますか、それとも私が申請しますか?
我们用中文聊吧。	中国語でチャットしよう!
邀请我参加你们的群! or把我拉到群里吧。	私もそのグループに入れて! orそのグループに招待して。
你听到我的语音消息了吗?	ボイスチャット聞いた?
看到留言后，请回复。	メッセージをみたら返事して。
收到。待会儿回你。	受け取ったよ。返信少し待ってて。
我想了解旅游市场的情况，你有推荐的网站吗?	旅行市場の状況を知りたいんだけど、おすすめのウェブサイトある?

● **文字SNSでよく使われる単語**

よく使うSNS単語	意味	解説
粉丝	フォロワー	アカウントをフォローしている人のことを「フォロワー」という。「フォロワー」の数は、その人の影響力を計る1つの大きな指標といえる。
关注	フォロー	自分が見たいと思うユーザーの投稿が自動的に流れてくるように設定することを「フォロー」という。
赞	いいね	「いいね」ボタンを押すことで、自分がその投稿を気に入ったことを示すことができる。"点赞"で「いいねを押す」。
评论	コメント	SNS上に掲載された動画や写真、投稿などにつけるコメントのことをいう。
转发	シェア	SNS上で動画や写真、投稿などを共有することをシェアという。「転載」の意味に近い。
拉黑	ブロック	特定の人とのメッセージのやり取りを制限したり、あなたの投稿を見れないようにしたいときに使う機能が「ブロック」。
删除	削除	投稿を消し、SNS上での公開を取り消すことを「(投稿を)削除する」という。
视频	動画	動画のことを"视频"という。"动画"はアニメーションのこと。
图片	画像	SNS上での画像のことを"图片"という。

群	グループ	グループチャットは"群聊"という。
朋友圏	モーメンツ・タイムライン	自分自身も投稿できるが、友達の投稿をチェックできる。
公衆号	公式アカウント	企業などが公開している公式アカウント。
表情包	スタンプ	LINEと同じようにスタンプがあるが、中国の方が動きが派手。
语音消息	ボイスチャット	スマホで入力するのが面倒なとき、音声を録音して投稿することがよくある。
发帖	投稿する	モーメンツやタイムラインに記事を投稿する。
博主	ブロガー	ブログの開設者のこと。
网红	インフルエンサー	何万ものフォロアーがいるオピニオンリーダー。
直播	ライブ配信	ECサイトでのライブ配信で商品を売るのが中国では大きく増えている。娯楽としてもビジネスとしても、ECやSNSを通じてのライブ配信がますます人気になっている。
直播带货	ライブコマース	ライブ配信を活用した商品やサービス販売形態のこと。ライブ配信の人気が高まってから、ライブコマースも活発化している。
打赏	投げ銭、チップ	個人やセルフメディアはネット上で投稿した文章、映像などに対して、賞賛や応援の気持ちを込めてわずか少量のお金を送ることを指す。これを収入の一部にする人もいる。

2.　俗語や使ってはいけない用語には気をつけよう！

　ネイティブの中国語表現がいつも模範的であるわけではありません。特に、俗語の使用については個人の価値観が大きく影響されますので、「ネイティブの表現を100％真似しよう」という考えは危険です。

　中国語には、悪口や汚い言葉は実に多いです。辞書に載せられた数だけをとっても、日本語より遥かに多いです。うっかりそのまままねると自分の品位を傷つけたり、人間関係が険しくなったりするので、使う前に意味を確認したほうが安全です。たとえ中国人でさえ、自分の品位を気にする時には決して使いません。

　基準として、以下の使ってはいけない用語や悪い印象を与えがちな俗語が入っている表現や、以下のワードを乱発している人の表現は使用するべきではないと判断してもよいでしょう。

● 使ってはいけない用語

　国の検閲に関わる言葉。"法轮功""六四""天安门事件"などです。基準不明だが、引っ掛かると投稿不能になります。

● 悪い印象を与えがちな俗語

　──下品な言い方（女性や男性の性器で罵ることが多い）
　操（くそったれ。英語のFuckと似たような使い方）
　去他妈的
　牛逼、牛B（すごい）

　──罵詈雑言
　（頭の悪さを罵る）
　笨蛋
　蠢货

傻逼
傻缺
王八蛋
猪头
（ルックスや生理現象を罵る）
丑八怪
瞎子、聋子、瘸子

──差別用語
黑鬼、棒子、阿三（黑人、韓国人、インド人を貶める言い方）
三八、老女人、二奶、贱货（女性差別）
戏子（俳優・女優差別）
农二（農民差別）

● **子どもっぽく受け取られてしまうフレーズ・単語**

　中国でも今、若者を中心に新しい言葉がどんどん生まれています。上記のように使ってはいけない言葉ではありませんが、相手かまわずにむやみに使うと時代遅れや幼稚っぽく感じられることがありますので、注意しましょう。

YYDL（永远的神の略称）　神レベル
稀罕（喜欢の発音をねじったもの）　好き
9494（就是就是の頭文字をとった略語）　そうそう、そうだよ

4 プロフィール・基本情報の書き方

1. プロフィールの書き方

　　プロフィールの内容は、まず他のユーザーとどのような情報交換をしたいかによって変えましょう。

　　ビジネスに活用したい場合は、自分の職種や業界、業務内容などの正式なプロフィールが必要になります。

　　プライベートの情報交換や共通の趣味を持つ人との交流に使いたい場合は、その関心事や興味が明確なプロフィールを書くようにしましょう。

　　また、書き方によっても、相手に与える印象が変わり、交流できる相手の性格も変わってきます。

　　ネガティブな表現ばかり使われているプロフィールは一般的に印象が良くないのは当然ですが、あまりにも元気すぎたり、硬すぎたりするプロフィールでは敬遠する人もいるかもしれません。その一方で、元気いっぱいの紹介文や、硬く信頼できそうなプロフィールに惹かれる人もいることでしょう。

　　つまり、プロフィールのトーンや印象、文体も「自分が付き合いたい人に合わせる」ことが重要になります。どのような人と交流したいのか、念頭におきながらプロフィールを作成するとよいでしょう。

2. プロフィールの例

SNSのプロフィールでは、伝えたいことを簡潔に書くことが重要です。特に、weiboやtwitterのプロフィールの場合は以下のような例が使われます。

例① 我在名古屋市政府做中文翻译，已经工作十年了。我喜欢看中国的电视剧。每天都要看上一两个小时。如果有机会去中国的话，我很想去访问那些"圣地"。目前我最大的心事就是我儿子。他上了中学以后天天打游戏，我非常担心他的成绩。

名古屋市役所で中国語の通訳の仕事をして10年になります。趣味は中国のドラマを見ること！毎日1、2時間見ています。もし中国に行くことがあったら、ぜひ聖地巡りをしたいです。今の一番の心配事は息子のことです。中学に入ってから毎日ゲームばかり。成績が心配。

例② 我出生于东京，从小在涉谷长大，在上中学的时候是学校田径部成员，我特别喜欢短跑！
我现在在八王子的某所大学学习汉语，明年计划去北京留学。我的爱好是音乐，喜欢弹钢琴、吹小号、唱歌。
我现在在八王子车站附近的咖啡店打工，几乎每天都去，欢迎大家来喝咖啡！

東京出身。渋谷小学校卒業。渋谷中学・高校では陸上部（短距離が好き）。今は八王子の某大学で中国語を勉強中。来年北京に留学予定です。趣味は音楽。ピアノもトランペットもできます。歌も歌えます。八王子駅近くのカフェでほぼ毎日バイトしています。

3. プロフィールでよく使う定番センテンス

① **職業などを紹介する**　※特に短いプロフィールでは主語抜きが多いです。

（我是）一名内科医生。	内科医です。
一名普通的大学生。	普通の大学生です。
从事中文笔译的自由职业人。	中国語の翻訳に携わるフリーランスです。
东京某家小学的英语教师。	東京の某小学校で英語の教師をしています。
一个喜爱三国志的日本人	三国志が大好きな日本人です。
东京〇〇公司社长 川口好	東京〇〇株式会社社長　　川口　好
IT程序员	ITプログラマーです。
家有老公和两个孩子的全职主妇。	旦那さんと子供二人がいる専業主婦です。
住在北九州的中年人。	北九州に住む熟年者です。

② **趣味や好みなどを紹介する**　※主にプライベート目的。

正在学习汉语，请多多指教。	中国語勉強中。よろしくお願いします。
爱好摄影，希望和大家多多交流。	写真を撮るのが好き、皆さんと交流したいです。
最大的爱好是玩游戏。	1番の趣味はゲームをすること。
热爱画画和健身。	絵を描くこと、フィットネスが好きです。

记录每天的生活点滴。	毎日のちょっとしたことを記録しています。
喜欢去中国旅游，想要了解更多的中国文化。	中国に旅行に行くのが好きです。もっと中国文化を理解したい。
自学中文已十年，但水平非常有限。	中国語を勉強して既に10年ですが、レベルはまだまだ。
既是猫派也是狗派	猫派であるし、犬派でもある。
电影爱好者，每周必去电影院，尤其钟爱老电影。	映画大好き。毎週必ず映画館に行きます。特にノスタルジックな映画が好き。

③ ビジネスに関する情報を紹介する　※主にビジネス目的。

工作联系请私信。	お仕事のご連絡はチャットで。
欢迎点击本公司官网abc@def.com	弊社の公式サイトabc@def.comへのこちらをクリック
本人擅长网页制作，需要业务联系的请私信。	webサイトの制作が得意です。必要あれば個別に連絡して下さい。
我们是ABC设计事务所，业务合作请私信或进入官网留言。	当社はABC設計事務所です。業務提携はチャットでご連絡いただくか、公式サイトでメッセージを残して下さい。
正在招聘销售人员，欢迎点击链接了解详情！	ただいま販売員を募集中、詳細はこちらをクリックして下さい。

4.　プロフィールでよく使う定番フレーズ

● 職業を紹介する

北京〇〇学院副教授、学者 徐△△	北京〇〇学院助教授、学者　徐△△
军事历史小说作者	軍事歴史小説家
〇〇设计集团总建筑师 王△△	〇〇設計集団チーフエンジニア　王△△
在加拿大行医＆生物博士，微信公众号△△	カナダで医者をやっています。生物博士　Wechat公式ID△△

● 趣味を紹介する

探索大自然—来自一位生物爱好者的微博	大自然を探索する生物愛好家の微博
热爱历史、考古、文物	歴史、考古学、文化遺産が大好き
微博原创视频博主	微博でオリジナル動画を配信するブロガー
知名历史博主	有名な歴史ブロガー
经济学者，市场经济的坚定代言人！欢迎关注	経済学者、市場経済の代弁者、フォロー歓迎
同名微信号ID：×××	同名の微信 ID：×××
微博知名育儿博主	微博で著名な育児ブロガー

● **企業やメディアのオフィシャルアカウントを紹介する**

〇〇公司官方微博	〇〇公司オフィシャル微博
日经中文网官方微博	日経中国語サイトオフィシャル微博
公司英文名を明示するのみ	Masuda.com.

● **自分の個性や特徴を紹介する**

・好きな唐詩、歌詞、モットーの一文を紹介する

社会自由主义，女权主义者	社会自由主義、フェミニスト
欢迎来到我的自娱自乐世界，所有内容禁搬运	私の世界へようこそ、すべての内容は転載不可です。
只潜水不说话	読むだけで、自分は書いたりコメントはしません
家有一猫一狗两只龟。	家に猫一匹、犬一匹、亀二匹

5 実際にコメントしてみよう!

1. 書き込む

● 写真にコメントする

真漂亮!	きれい！
太美了!	美しい。
景色太壮观了!	景色が壮大だ！
好可爱呀!	かわいい。
颜值真高啊!	顔がかっこいい/きれい
好帅啊	かっこいい！　イケメン〜！
这样的色彩让人赏心悦目。	この色合いは、なかなか心に染みる。
抓拍得真好!	いいショットですね
拍得真有意境。	風情がありますね。
看着就胃口大开!	おいしそう！見てたらおなか空いてきた！
看上去很好吃啊!	おいしそう〜！
做工好逼真啊。	作りがリアルだね。本物そっくり。
设计真好看!	デザインが素敵。

这本书装帧真精致啊。	この本の装丁、素晴らしいね。
风景真美，好想亲眼去看看。	景色が本当に素晴らしい！この目で見てみたい。
美轮美奂！	美しい。

● 記事にコメントする

写得好有趣啊。	なかなか面白い内容でした。
这条信息很有价值。	この情報は役に立つ。
果然如此！	やっぱりそうだったか！
你说得对！我也这么认为。	おっしゃるとおり！私もそう思う。
说得没错，为你点赞！	そのとおり！いいねしちゃいます。
怎么会这样？真让人不敢相信！	どうしてそうなる？信じられない！
居然会有这种事?！太震惊了。	世の中そんなことって起きる？ショックだ。
唉，真可怜。我看了觉得很难过。	かわいそう。読んでいたらなんだか悲しくなってきた。
你的观点很独特也很有意思，学习了！	あなたの見方は独特だけど、面白い。ためになった。
好美的文字。	美しい文章ですね。
扩散！	拡散希望！
这篇文章写得好棒!	この文章、なかなか良い！

写的很全面。	どちらの意見も入っていて、なかなか良くまとまってる。
谢谢科普!	知識の共有に感謝だ!
我觉得你说得很有道理。	あなたの書いていることは筋が通っていると思う。
原来如此。	そうだったのか!
这下我明白了。	これで分かった。
真长见识。	見識が深まった!
你说的事让我想起自己的经历。	あなたが書いたことを読んで、自分の経験を思い出した。
我收藏一下慢慢学。	まずはセーブしてからゆっくり読む。
有点意思…	わりと面白い。
相当有意思。	すっごく面白い。
立刻下单!	すぐ注文する!
已购	購入済み!
已下单	注文済み。
买买买!	絶対買う!

● 動画にコメントする

哇！	ワオ〜
真有意思！	面白い。
真好玩！	おもしろい。
这段视频剪辑得不错，很精彩。	この動画うまく編集できましたね。とっても良かったです。
天哪，太恶心了！	うぇ、きもちわるい。
好可怕！太恐怖了。	怖い！おそろしい〜！
真是千钧一发呀，太吓人了。	危機一髪でしたね。危なかったね。
哈哈哈，太搞笑了。	はっはっは、大笑いだよ。
这些人在做什么呀？真是莫名其妙！	何してるんだろう。訳が分からない。
我没听懂他们在说些什么……	あいつらが何の話をしているのか、分からなかった。
配乐真好听，叫什么名字？	BGMすごく良いね〜！何という曲？
这是在哪里拍的？感觉天空好美啊。	どこで撮ったの？空がきれい！
这个视频画质太好看了。	この動画、画質が素晴らしい。
拍摄手法很娴熟啊。	動画の撮り方がこなれてる。
片子做得真精彩，让人百看不厌。	動画ほんとに素晴らしいね。百回見ても見飽きない。

回回回回回回回回回回回回回回回回回回回回回回回回回回回回回回回回回回

小孩子们的舞蹈真可爱，太萌了。	子供たちのダンスほんとに可愛い。超キュート。
真羡慕你，我也想去这地方好好度假！	うらやましい！私もそんなところにゆっくり休暇に行きたいな！

2. 感謝する

太感谢你了。	ありがとう！
谢谢你的评论。	コメントをありがとうございます。
谢谢你给我点赞。	いいねをありがとうございます。
感谢你的宝贵意见。	貴重なご意見ありがとうございます。
谢谢你，你的意见对我很重要。	ありがとう。あなたのご意見はとても重要です。
感谢你专业的回答，解决了我很多的疑问。	専門的なご意見ありがとうございます。おかげさまで様々な疑問点を解決しました。
谢谢你的回答，原来是这么一回事。	回答ありがとうございます。そういうことだったのですね。
谢谢推荐好书！这就去下单！	良い本をご紹介頂きありがとうございます。すぐ購入します。
你分享的音乐我很喜欢，谢谢！	あなたがシェアしてくれた音楽がとても好き。ありがとう。
谢谢你的提醒，(文章里的)时间的确是我写错了。	教えて下さってありがとうございます。確かに時間を書き間違えました。
谢谢你的鼓励，我会继续加油的。	励ましの言葉ありがとうございます。頑張ります。
你这么说，我真高兴。	そんな風に言って頂けるとうれしいです。

好的！谢谢你的关心！	ありがとうございます。ご心配おかけしました。
有你安慰我，我觉得好多了。	慰めてくれたおかげで、だいぶ気分が良くなりました。

3. 質問する

我可以问几个问题吗?	いくつか質問してもいいですか。
我有一个问题想向您请教。	一つ教えて頂きたいことがあるのですが。
还有一个问题。	もう一つ質問があります。
你的意见呢?	あなたのご意見は?
你觉得呢?	あなたはどう思う?
你怎么认为?	あなたはどう思う?
你从哪里知道这个消息的?	どうやってこの情報を知ったのですか。

你会说几国语言？	何カ国語できるのですか。
你的母语是什么？	あなたの母語は何ですか。
你对日本的什么方面感兴趣？	日本の何に興味がありますか？
这个单词用中文怎么说？	この単語は中国語でどう言いますか。
这个中文叫什么？	中国語ではこれはなんと言いますか。
我不太明白你说的意思。	あなたの言っていることが良くわかりません。
你想说的是什么？	何がいいたいのですか。
这是什么意思？	それはどういう意味ですか。
你从事什么工作？	何のお仕事をされていますか。
你对此怎么看？	それについてどう思いますか。
BB是指什么？	BBって何を指しますか。

4. 説明する・謝る

你说的没错，可是～	あなたが言っているのは正しいけど～。
我不是这个意思。	そういう意味ではないのです。
你写的内容和报道不一样。	あなたが書いているのは報道の内容と違います。
你说的不是事实。	あなたが言っているのは事実ではありません。

我想说的是〜	私が言いたいのは〜。
我不同意你的意见。	あなたの意見には賛成できません。
我觉得你说的不对。	あなたは間違っていると思います。
你是不是忽视了最关键的一点?	一番重要なところを見落としていませんか?
我只是在说〜	私はただ〜だと言っているだけです。
我能理解你的意思，可是〜	あなたの言いたいことはわかりますが〜。
我觉得你的想法不够全面。	あなたが言っているのは少し偏っていると思いますが。

※微博をはじめ、匿名のユーザーが多いため、どうしても心無いコメントなどが送られることが
　あります。それを無視するか、「削除」(删除)、「ブロック」(拉黑)、「クレーム」(投诉)などの
　機能を上手に使いましょう。

第3章

中国語Eメール・SNS メッセージ文例集

ここでは実際の場面を想定した中国語Eメールとメッセージアプリの文例を学んでいきます。Eメールの文例は130シーン、メッセージアプリの文例は10シーンを収録。Eメールのフォーマル編では11のカテゴリー、Eメールのカジュアル編では7のカテゴリー、メッセージアプリ編では6のカテゴリーに分けられています。

001 商品のサンプルを要求する

定型表現 请您将样品发送到我公司。
サンプルをお送りいただけますでしょうか。

件名: **サンプル提供のお願い**

大華メモリーテクノロジー有限公司
海外業務部
李章様

お世話になっております。前回メールでいただきました詳細なデータにつきまして感謝申し上げます。私どもは貴社製品のUSBメモリーHJ-64について十分な検討を行った結果、株主贈呈用に5000個の購入を希望しております。つきましてはUSBメモリー HJ-64のサンプルをお送りいただけますでしょうか。

今回のサンプルには弊社の社名の印字をお願いします。今回の提携が順調に進みましたら、長期的且つ安定的な入荷を希望しております。何卒ご協力よろしくお願い申し上げます。

富士明治パソコン株式会社
IR 業務部
中島慶子

□ 中国ビジネスの豆知識！

日本での相手とのやりとりは、挨拶代わりに前回のやりとりに対する礼を言うところからスタートしますが、中国ではその習慣は見られません。

⊕ ここがポイント！

中国語には「お世話になっております。」に相当する表現はありません。
単純に"你好"や"您好"で名前に対する敬称は男性の場合"先生"、女性の場合"女士"が一般的です。
サンプルを要求する際には"请您将○○发送到△△"と表現するとよいでしょう。

⊠

标题： **烦请提供样品**

大华储蓄技术有限公司
海外业务部
李章先生:

您好！感谢您上次发来的详细数据。

我们已经据此对贵公司产品U盘HJ-64号进行了充分的研究，有意向购买5000个作为赠品提供给我公司股东。**请您将U盘HJ-64号的样品发送到我公司。**

这次样品需要印上我公司名字。如果本次合作顺利，今后我们希望能长期稳定进货。

期待您的合作。

富士明治电脑株式会社
公关业务部　中岛庆子

単語 Vocabulary

□**数据** shùjù ／ データ　　　　　□**U盘** U pán ／ USBメモリー
□**股东** gǔdōng ／ 株主　　　　　□**合作** hézuò ／ 提携、协力

002 商品の問い合わせをする

定型表現 请告知本产品的批发价格和最大供应量。
本製品の卸売価格及び納品可能な最大数量をお知らせ
いただけますでしょうか。

件名：　**貴社製ICレコーダーについて**

教育開発有限公司
ご担当者様

本校は日本東京にあります中高一貫校で、創立以来英語教育を重視しております。私どもはインターネットで貴社が語学専用のICレコーダーを取り扱っていることを知り、その性能について非常に関心があります。性能が良ければ生徒への購入推奨を検討しております。

つきましては恐れ入りますが、**本製品の卸売価格及び納品可能な最大数量をお知らせいただけますでしょうか。**本校の全校生徒数は約1800名です。できる限り価格面での優遇をお願いいたします。また1、2個の当該ICレコーダーのサンプルをお送りいただき、トライアルユースさせて頂くことは可能でしょうか。

ご返信お待ちしております。

光明中学高等学校　　英語科教諭　　石黒聡

📝 中国ビジネスの豆知識！

担当者がわからない場合はこのように"负责人"としておくと「ご担当者様」という意味で
使用できます。

⊕ ここがポイント！

"请告知○○"は「○○についてお知らせください」という表現になります。
また"烦请○○"も「ご面倒をおかけしますが○○してください」という意味で使用できます。

☒

标题： **IC录音机合作事宜**

教育开发有限公司
负责人：

您好！我校是一家位于日本东京的初中高中一贯制学校，一向注重英语教育。

我们在互联网上搜索到贵公司的外语教学用IC录音机，对其性能非常感兴趣，正在考虑推荐学生购买。

烦请贵公司告知本产品的批发价格和最大供应量。

我校全体学生约1800名。希望贵公司能够给予最大优惠。

此外，不知贵方能否提供1-2台样机试用？

敬请回复为盼。

光明中学高中英语部教师　石黑聪

単語 Vocabulary

☐ **注重** zhùzhòng ／注意を払う
☐ **推荐** tuījiàn ／お勧めする、推奨する
☐ **烦请** fánqǐng ／お願いします、ご面倒をおかけしますが
☐ **给予优惠** jǐyǔ yōuhuì ／価格面で優遇する
☐ **批发价格** pīfā jiàgé ／卸売り価格

☐ **因特网** yīntèwǎng ／インターネット

☐ **样机** yàngjī ／プロトタイプ、サンプル

003 サービスの問い合わせをする

定型表現 現在想要询问以下几个问题。
以下のいくつかの質問についてご回答をお願いします。

件名： **華夏A棟物件(物件番号3857)**

普天不動産有限公司
ご担当者様

お世話になります。

貴サイトに載っております華夏A棟物件(物件番号3857)に大変興味があります。
可能であれば来年の3月から賃借したいと思っております。以下の質問につい
てご回答をお願いします。

1. 賃貸料には駐車場料金と管理費は含まれていますでしょうか。
2. マンション入口にオートロック、テレビ電話によるインターフォンの機能
   はありますでしょうか。
3. 浴室の換気システムはどのような機能がありますでしょうか。

また物件の内見もしたいのですが、週末の午後にアレンジしていただくことは
可能でしょうか。よろしくお願いします。

山本徹

🗩 中国ビジネスの豆知識！

外国人が中国で一定の期間を超えて滞在する場合、外国人居留証の取得が必須です。こ
の事情をよく知るプロの不動産業者に仲介してもらうことが理想ですが、自分から必要
資料などを入手した上で家主と交渉することを心掛けてください。

⊕ ここがポイント！

サービスの問い合わせをする際には、知りたい情報を箇条書きにして具体的に述べたほうが、行き違いが少なくてよいでしょう。相手もそのほうが回答しやすいはずです。

×

标题： **华夏A幢房源信息（编号：3857）**

普天房地产有限公司
负责人：

您好！

我对贵公司网站的华夏A幢房源信息（编号：3857）非常感兴趣，希望明年三月能够开始租用。现在想要询问以下几个问题。

1. 租金是否包括停车场费用和物业费？

2. 公寓门口是否有自动锁和电视对讲功能？

3. 浴室换气系统有哪些具体功能？

我们还希望能参观此房源。请安排在周末下午时间。谢谢。

山本彻

単語 Vocabulary

□**网站** wǎngzhàn ／ Webサイト
□**租用** zūyòng ／ 賃貸、賃借
□**物业费** wùyèfèi ／ 管理費
□**自动锁** zìdòngsuǒ ／ オートロック
□**房源** fángyuán ／ 物件
□**租金** zūjīn ／ 家賃、賃料
□**公寓** gōngyù ／ アパート

> **定型表現** 非常感謝您的来函，現回復如下。
>
> メールでのお問い合わせありがとうございます。下記のように回答申し上げます。

件名： **華夏A棟物件にご興味をお持ちいただきありがとうございます**

山本　徹　様

メールでのお問い合わせありがとうございます。物件A棟について下記のように回答申し上げます。

１．賃貸料には管理費が含まれていますが、地下駐車場代を含みません。駐車場代は毎月300-500人民元となっております。

２．マンション入口にはオートロックとテレビ電話によるインターフォン機能が付いております。

3．浴室換気システムは送風乾燥機能付きです。

内見は、今週土曜日午後1時から3時、または日曜日午後3時から5時に手配可能ですが、ご都合いかがでしょうか？

A棟物件以外にも私どもは外国人の入居に適した多くの物件をご紹介することが可能です。プロの担当者によるマンツーマンフルアテンドサービスを提供しております。

ご返信お待ちしております。
弊社のお客様サービス部門に直接電話していただくか、Wechat登録も大歓迎です。
電話番号：021-XXXXXXX
Wechatアカウント：XXXXXXX

普天不動産有限公司　林　美香

📃 中国ビジネスの豆知識！

外国人が中国で不動産を借りる際には様々な税金や申告などが必要です。できれば、外国人専門の業者に依頼したほうがよいでしょう。

⊕ ここがポイント！

お問い合わせに対する礼を述べます。そして相手の質問に回答するのみでなく、追加情報を加えると良い結果につながるでしょう。

×

标题： **感谢您对华夏A幢房源的垂询！**

山本彻先生：
非常感谢您的来函，现就A幢房源回复如下。

1. 租金包括物业费，但不包括地下停车场费用，停车场费用为每月300-500元人民币。
2. 公寓门口设有自动门锁和电视对话功能。
3. 浴室换气系统包括通风烘干机。

参观时间安排在本周六下午1-3点或周日下午3-5点如何？

除A幢房源以外，我们还有大量适合外国人入住的房源可为您介绍，并提供专业团队1对1全程服务。

期待您的回复！
您也可以直接致电我们的客服部门或添加微信。
联系电话：021-XXXXXXX
微信号：XXXXXXX

普天房地产有限公司　林美香

単語 Vocabulary

□**垂询** chuíxún ／お問い合わせ　　　　□**通风** tōngfēng ／送風
□**烘干机** hōnggānjī ／乾燥機

005 返信を催促する

定型表現 希速复为盼。
速やかなご返信をお待ちしております。

×

件名： **3月2日のメールにつきまして**

新快能電子科学技術有限公司　営業部
王嘉誠　マネージャー

お世話になっております。

先週水曜日（3月2日）にPDF版のプロモーションプランを送付いたしましたが、メールは届いておりますでしょうか。届いていないようでしたらすぐに再送しますので、ご連絡ください。なお、Word版もございますので必要でしたら送ります。

このプランについて改善と調整を行いますので、可能な限り貴社よりフィードバックをいただきたく存じます。来月の双方のトップ会談で承認が得られれば、すぐにスタートアップ資金の申請の手続きに着手いたします。ご返信をお待ちしております。

富士広告株式会社
アジア事業部　三浦　慶三

中国ビジネスの豆知識！

中国ではメールに返信するよりも電話連絡やWechatでのやり取りを好みます。必要に応じて手段を替えて催促しましょう。

⊕ ここがポイント！

返信を催促する際にはメールの送信日時と、返信がほしい理由を明確に述べる
とよいでしょう。

☒

标题： **关于3月2日的邮件**

新快能电子科技有限公司 销售部
王嘉诚经理：

您好！

我上周三(3月2日)给您发送了PDF版本的促销方案，不知您是否受到
了邮件？ 如果没有，我将尽快给您重新发送一遍。我们还有Word版本，
如果需要也可以提供。

对于这次方案，我们非常希望能尽快得到贵方的反馈意见，进行改善
和调整。如果能在下个月的双方高层洽谈中得到批准，我方将立即着
手申请启动资金。

希速复为盼！

富士广告株式会社
亚洲事业部 三浦庆三

単語 Vocabulary

☐ **促销** cùxiāo ／ プロモーション   ☐ **方案** fāng'àn ／ プラン
☐ **反馈** fǎnkuì ／ フィードバック   ☐ **洽谈** qiàtán ／ 交渉
☐ **批准** pīzhǔn ／ 承認   ☐ **启动** qǐdòng ／ 起動、スタートアップ

006 商品のサンプルを受け取る

定型表現 非常感谢贵方发送的样品。
サンプルのご送付ありがとうございます。

⊠

件名： **サンプル拝受のお知らせ**

新快能電子科学技術有限公司　営業部
王雪梅マネージャー

お世話になります。

充電器のサンプル2セット、早速のご送付ありがとうございます。本日午前中に受領、現在品質管理部門で外観および性能検査を行っております。

検査は約1週間かかりますが、結果が出ましたら検査報告書を送付致します。

また、もう1セット白色の製品サンプルをご提供いただけませんか？ 当社営業部は白色製品が売れると見ており、販売店に持ち込んで現場の意見を伺いたいと考えております。

引き続きよろしくお願いいたします。

富士広告株式会社
購買部　中村宮雄

🗐 中国ビジネスの豆知識！

中国人の名字と名前の間にスペースを設ける必要はありません。つなげて書きましょう。
人によっては「頭と胴体が切り分けられる」として忌み嫌われることがあります。

⊕ ここがポイント！

"顺祝商祺"は「貴社ますますご清栄のこととお慶び申し上げます」に近い意味ですが、文末に結びの挨拶として用いられるのが一般的です。

⊠

标题： **充电器样品事宜**

新快能电子科技有限公司销售部

王雪梅经理：

您好！

非常感谢贵方发送的两箱充电器样品，我们已于今天上午收到，并转交给质量管理部门进行外观和性能检测。

检测过程需要大约一周的时间，结果出来后将给贵方发送检测报告。

另，关于白色款，不知贵方能否再提供一套样品？我们的销售部门比较看好白色款，希望能多带一些到门店，听取第一线的意见。

谢谢配合，顺祝商祺！

富士广告株式会社

购买部 中村宫雄

単語 Vocabulary

□**充电器** chōngdiànqì ／ 充電器　　□**检测** jiǎncè ／ 検査

□**门店** méndiàn ／ 販売店、チェーン店

定型表現 请问可否按以下条件报价?
下記条件にて見積りをお願いできませんでしょうか?

✕

件名： 見積書作成のお願い

東華実業有限公司電子部品部
ご担当者様

お世話になっております。

当社では現在タブレット端末用のUSBデータケーブルを探しており、貴サイトの商品に大変関心があります。つきましては、**下記条件にて見積書をいただけませんでしょうか。**
1. 商品：F型USBケーブル（長さ1m）
2. 数量：1000本
3. 色：白400本、黒400本、青100本、赤100本
4. 納期：契約締結後3ヶ月以内
5. 性能要件：伝送品質が安定していること。設計上絡みにくく、結び目ができにくいこと。
見積書提出の際は、選定しやすいようにサンプルの写真、スペックの詳細を添付していただきたいと思います。
どうぞよろしくお願いいたします。

平沢パソコン購買部 山本好

📃 中国ビジネスの豆知識！

単刀直入に本題から入るのも中国語のビジネスメールの書き方の特徴です。件名には、必要な情報を分かりやすく記載することをお勧めします。不要なメールと誤解されずに仕事を効率的に進めるためにも、件名はとても重要になります。

⊕ ここがポイント！

見積書の提供を依頼するメールでは条件を明確にしておく必要があります。数量やカラー、納期、スペックなど箇条書きにすると良いでしょう。

☒

标题： **请提供USB数据线报价**

东华实业有限公司电子零件部
负责人：

您好！

我公司正在寻找适用平板电脑的USB数据线，对贵公司网站上的商品颇感兴趣，请问可否按以下条件报价？

1. 商品：F型号USB数据线（线长1m）
2. 数量：1000根
3. 颜色：白色400根、黑色400根、蓝色100根、红色100根
4. 交期：签订合同后3个月
5. 性能要求：传输质量稳定，设计上不易缠绕打结。
请在报价时附带样品照片以及详细规格，以便选购。

谢谢！
平泽电脑采购部　山本好

単語 Vocabulary

□**报价** bàojià ／ 見積
□**电缆线** diànlǎnxiàn ／ ケーブル
□**缠绕** chánrào／絡みつく

□**平板电脑** píngbǎn diànnǎo／タブレットコンピュータ
□**合同** hétong ／ 契約書
□**打结** dǎjié ／ リボンを結ぶ、結び目を作る

008 見積もり条件を提示する

定型表現 现将报价单发送给您，请查阅。
見積書をご送付いたします。ご査収ください。

✕

件名： 見積書のご送付

吉田シューズ　調達部
大橋　悠人　様

お世話になっております。
引き合いをいただきまして心より感謝申し上げます。
スニーカーの見積書、サンプル写真、仕様一覧表を圧縮ファイルにてご送付いたします。ご査収ください。パスワードは別メールにて送ります。
納期についてですが、当方は今月と来月の生産計画がすでに確定し、新規のオーダーを受ける余裕がありません。可能であれば11月以降の納品を希望しております。
商品の素材について、新発売した新春を迎える色としてのレッドモデルと全カラーで綿100％素材のモデルが市場のテスト販売で反応がよいです。一覧表の中でも特にお勧めのものです。気に入っていただけるとうれしいのですが。
今回の見積書の有効期限は1か月となっております。
ご返信お待ちしております。何かご要望がございましたら、いつでもお電話でお問い合わせください。

四海実業有限公司　靴・帽子部　李莉

💬 中国ビジネスの豆知識！

相手の希望に合わせるだけでなく、強く自分から勧めるのも中国ビジネスの特徴。タイトルも実務の場合商品名をつけて「〇〇产品的报价单」という形にするとより分かりやすいでしょう。

⊕ ここがポイント！

見積もり条件を提示する際も、まず見積依頼へのお礼から書き出します。実際の条件を提示した後に、相手にとって魅力的な情報を書き加えます。

×

标题： **运动鞋报价单及相关事宜**

吉田鞋业采购部
大桥悠人先生
您好!

由衷感谢贵方来函询价。

现将运动鞋报价单、样品照片和规格一览表压缩打包发送给您，请查阅。密码另行发送。

关于交货期，由于我方本月和下个月生产计划已经排满，所以希望能放在11月之后交货。

关于款式材料，我方最新推出了喜迎新春红色款和全色系纯棉款，现在市场试销的反响很好，所以也在一览表里做有特别推荐，希望贵方喜欢。

本次报价有效期为1个月。

期待您的回复。如有需求，欢迎随时来电垂询。

四海实业有限公司鞋帽部　李莉

単語 Vocabulary

☐ **询价** xúnjià ／ 引き合い
☐ **查阅** cháyuè ／ 査収
☐ **垂询** chuíxún ／ お問い合わせ

☐ **交货期** jiāohuòqī ／ 納期
☐ **样品** yàngpǐn ／ サンプル
☐ **有效期** yǒuxiàoqī ／ 有効期間

009 見積もり条件を確認する

定型表現 关于报价内容，以下有几点希望得到确认。
見積もりの内容について、以下ご確認いただけますでしょうか。

×

件名：　**お見積内容のご確認**

国安エンジニアリング建設公司営業部
李小暁　様

お世話になっております。このたびは工事の見積書を発行していただき、ありがとうございます。
見積りの内容について、以下ご確認いただけますでしょうか。

１．見積書の根拠は工事現場の実測に基づいていますか。
２．設計費用の内訳はどのような内容を含んでいますか。
３．外注会社、または外部協力企業の具体的な名称をお知らせ下さい。
４．見積書に環境保護評価測定の費用が含まれておりませんが、その部分についてはどのようにお考えですか。
５．見積書の有効期限を１か月延長していただくことは可能でしょうか。

お忙しい中、恐縮ですが、できるだけ早くご返信頂ければ幸いです。
よろしくお願い申し上げます。

伊田工場
管理部　大林　春樹

🗩 中国ビジネスの豆知識！

中国側の担当者をどのような敬称をつけたらいいか難しいところです。
男性であれば"先生"、女性であれば"女士"が無難です。

⊕ ここがポイント！

見積もり条件を確認する際には相手が回答しやすいように箇条書きにするとよいでしょう。

✕

标题：	**关于报价内容的几点确认**

国安工程建设公司营业部
李小晓先生：

您好！
非常感谢您发来的工程报价。
关于报价内容，以下有几点希望得到确认。

1. 报价依据是否来自施工现场的实际勘测？
2. 设计费用具体包括哪些内容？
3. 请提供外包或外协公司的具体名称。
4. 报价中未包含环保检测费用，请问这部分贵方是如何考虑的？
5. 报价有效期能否延长1个月？

烦请您在百忙之中尽快给予回复，谢谢！

伊田工厂
管理部　大林春树

単語 Vocabulary

□**工程** gōngchéng ／ エンジニアリング、プロジェクト
□**勘測** kāncè ／測量する　　□**外包** wàibāo ／ アウトソーシング、外部協力
□**外协** wàixié ／ 外部協力

010 見積もり条件を断る

定型表現 无法接受贵方的报价。
貴社のお見積もりの価格は受け入れられません。

件名： **お見積の条件につきまして** ✕

ジーリー材料公司
総経理　林晶　様
お世話になっております。見積書拝受致しました。貴社が値下げに応じられない理由もよく分かりました。
前回のメールでお伝えしたように、値下げをお願いしたのは、グローバル市場の変動及び物価上昇の圧力によるものであり、これまで貴社との安定した協力関係を維持するために、一貫して貴社の価格調整を受け入れてきました。これによって当社の利益がさらに圧縮されており、すでにほとんど利益がない状態となっております。

慎重に検討した結果、大変残念ですが、今回は貴社の見積りの価格を受け入れられないとの結論に達しましたこと、ご理解いただきたく、お願い申し上げます。
今後は別の分野において、双方の協力関係が安定して継続し、ウィンウィンの関係を維持できることを願っております。
引き続きよろしくお願いします。

三田玩具株式会社
CEO鈴木　孝

🗩 **中国ビジネスの豆知識！**

ウィンウィン(win-win)という言葉はアメリカのベストセラー『七つの習慣』で知られていますが、日本だけでなく、中国のビジネス界でも頻繁に使われています。

⊕ ここがポイント！

条件を断る際には相手に納得してもらうことが大事です。"之所以A，是因为B"は「AしたのはBという理由によるものです。」の構文でよく使用します。相手に納得してもらいたいときに使用できる表現です。

×

标题： **报价事宜**

吉利材料公司
林晶总经理：
您好！
现已收到贵方发来的报价，也理解贵方无法降价的理由。
正如上封邮件所述，我方之所以提出降价，是由于全球市场的波动和物价上涨的压力。
到目前为止，为了维持与贵方稳定的合作关系，我方一直选择接受贵方的调价，这也导致了本公司的利润空间进一步被压缩，已近乎微利局面。

公司经过慎重考虑，这次很遗憾，**无法接受贵方的报价**，希望能予以理解。
我们希望彼此在其他领域的合作依然持续稳定，实现互利双赢！

三田玩具株式会社
CEO 铃木孝

単語 Vocabulary

□**负责人** fùzérén ／ 責任者
□**无法** wúfǎ ／ ～するすべがない、～できない
□**彼此** bǐcǐ ／ 双方
□**互利双赢** hùlì shuāngyíng／お互いに実利を得る、ウィンウィンの

□**降价** jiàngjià ／ 値下げ
□**遗憾** yíhàn ／ 残念な

011

見積もり条件を交渉する①

定型表現 我们希望贵方能重新考虑报价。
もう一度見積もり価格を検討していただけますでしょうか。

❌

件名： **お見積もり価格再検討のお願い**

長江漁具公司営業部
林芳　様

お世話になっております。
ご送付いただきました見積書を拝受致しました。ありがとうございます。
製品の性能とサービス内容がほぼ同一レベルという条件においては、貴社のお見積もり価格は他社よりはるかに高くなっております。
これまで、双方はすでに二度の取引に成功し、良好な信頼関係を築いており、これからも貴社との長期的な協力関係を結びたいと思っております。しかも、今回の注文数量は過去2回の注文の3倍となっており、納期によりゆとりをもたせています。
もう一度見積もり価格についてご検討いただき、適切な割引をお願いしたいと考えております。
ご返信お待ちしております。
引き続きよろしくお願いします。

森永商社
購買部　鈴木　順

📧 **中国ビジネスの豆知識！**

取引相手に値下げを要求するのは中国ではよくあることです。これもウィンウィン思考によるものでしょう。

⊕ ここがポイント！

中国でも日本でも価格交渉はどのように相手に納得してもらうかが重要です。
理由をきちんと書き出すとよいでしょう。

✕

标题： **希望重新考虑报价**

长江渔具公司营业部
林芳女士：

您好！
贵方发来的报价已经收悉，特致谢意。
在产品性能和服务内容大致相同的条件下，贵方报价远远超出其他公司。

迄今为止，我们双方已经有过两次成功的合作，彼此建立了良好的信
赖关系，我们诚意希望能与贵公司长期合作。而且这次我们的订货量
是前两次的3倍，也给出了更加充裕的供货期。
我们希望贵方能重新考虑报价，给予我们适当的优惠。
期待贵方的答复，谢谢！

森永商社
购买部　铃木　顺

单語 Vocabulary

□**特致谢意** tèzhìxièyì ／ 特別感謝の意を表す
□**优惠** yōuhuì ／ 割引、優遇

□**订货量** dìnghuòliàng ／ 注文量
□**供货期** gōnghuòqī ／ 納期

012

見積もり条件を交渉する②

定型表現 交货期能否稍作提前?
納期をもう少し前倒ししていただけませんでしょうか。

×

件名：　**納期の前倒しのお願い**

華麗ERP支援有限公司
呉　志明　様

お世話になっております。ERP支援システム構築に関する貴社の二回目のオファーを受け取りました。システムエンジニアリング開発の規格、価格、支払方法などについては、受諾可能です。

しかし、納期についてはもう少し前倒ししていただけませんでしょうか。この製品を使用して、弊社はお客様の要求に基づいて、財務、販売部門のシステムを統合する予定です。8月納品ということですと、統合作業に間に合いません。そのため、7月末の納品を希望しております。

この要求を受け入れていただけるかどうか、今週中にご返事いただければ幸いです。

MIR株式会社

業務部長　天野　香美

⊕ ここがポイント！

受け入れ可能な部分と相手に変更をお願いする部分の両方をしっかりと書き出すとよいでしょう。またこちらが希望する条件を明記しておくと、相手は検討しやすいでしょう。

标题： **希望交货期提前**

华丽ERP支援有限公司
吴志明先生：

您好！

我们收到了贵公司关于ERP支援系统工程的第二次报价。

对于系统工程开发的规格、价格、付款方式等，我们可以接受。

但是交货期能否稍作提前? 因为对于此产品，我公司还将根据客户要求，将财务、销售部门的系统进行整合。如果8月交货的话，我们来不及做好整合工作，因此我们希望交货期定为7月底。

对此希望贵公司能在本周之内予以回复，不胜感激！

MIR株式会社
业务部长　天野香美

単語 Vocabulary

□**付款方式** fùkuǎn fāngshì ／ 支払方法
□**整合** zhěnghé ／ 統合、インテグレーション
□**客户** kèhù ／ 顧客、クライアント

013 見積もり条件を交渉する③

定型表現 请问能否变更付款方式?
お支払い方法を変更していただくことは可能でしょうか?

✕

件名： 支払い方法について

如意内装有限公司
華南地域担当
鄧兵様

お世話になっております。
広東支社内装工事のお支払い方法について、お見積もりに記載の支払い条件では、契約締結後1週間以内に着手金30%、施工中間期に50%の支払い、工事完工引き渡し後1週間以内に残額を支払う方法となっておりますが、お支払い方法を変更していただくことは可能でしょうか?
完工引き渡し後、毎月10%の割合で施工費を分割支払いにしていただきたいと考えております。
ご承知のようにスーパーマーケットの開店が8月にずれ込み、ご提案頂いたお支払い方法ではかなり厳しいと思われます。また、こちらの条件を受け入れて下さるなら、福建支店の内装も貴社にお願いしたいので、何卒ご検討いただければ幸いです。

さわやかスーパーマーケット広東支店
総裁　吉田　剛

⊕ ここがポイント！

見積もり条件を交渉するメールです。"价格"「価格」はもちろん、"付款方式"「支払い方法」や"交货期"「納期」、"运输方法"「輸送方法」など多岐にわたる条件があるので、それぞれの項目をまとめて書くとわかりやすいでしょう。

标题：　　**关于付款方式**

如意内装有限公司
华南区域总监
邓兵先生：

您好！
关于广东分店内装工程费用的付款方式，贵公司在报价单中表示将在合同签订后一周内收取30%的定金，工程过半时追加收取50%，工程验收后一周内收取剩余所有尾款。
实在抱歉，请问能否变更付款方式？
我方希望在竣工验收及交付之后以每月10%的比例逐月支付工程款项。
如您所知，本超市的正式开业时间已延至8月，实在很难满足贵方要求。

如贵方接受我方条件，我方愿考虑福建分店内装工程的合作。请予以理解为盼。

清爽超市广东分店
总裁 吉田刚

単語 Vocabulary

□ **收取** shōuqǔ ／ 受け取る
□ **竣工** jùngōng ／ 建築工事が完了する
□ **逐月** zhúyuè ／ 毎月、月々

□ **定金** dìngjīn ／ 手付け金
□ **款项** kuǎnxiàng ／（条文の）項目
□ **尾款** wěikuǎn ／ 残金、残額

014 見積もりの条件交渉に応じる

定型表現 決定应贵公司要求进行特别优惠。
ご要望通り値引きをさせていただくことにいたしました。

件名： **特別なお値引きについて**

森永商社　購買部
鈴木　順　様

いつもお世話になっております。

先般ご連絡いただいた見積金額値下げのご要望について、社内にて慎重に検討を重ねた結果、貴社にはひとかたならぬご愛顧を賜っていることや今回の発注量増加を考慮して、ご要望通り値引きをさせていただくことにいたしました。

元の価格から5％値引きいたします。

今回は貴社に対する特別な値引きであるため、秘密保持の徹底をお願いしたいと思います。契約を締結する際には価格の秘密保持条項を追加する可能性がありますので、ご理解とご協力を頂ければ幸いです。双方の取引が成功し、ともに発展できることを願っております。

長江漁具会社営業部　林芳

📝 中国ビジネスの豆知識！

値下げするかどうかにかかわらす、中国人の相手に対しては特にメンツを保たせることが重要です。おまけをつけるか、納期を調整するか、値引きできない理由を丁寧に説明するかが考えられます。

⊕ ここがポイント！

日本語の割引と中国語の割引の表現の違いに気を配る必要があります。例えば「2割引」は"打八折"と表現します。ビジネスのやり取りでは特に間違いが許されないところです。

☒

标题： **关于接受优惠报价的请求**

森永商社采购部
铃木顺先生：

您好！

关于您提出的降低报价金额的要求，经本公司慎重考虑，顾及贵公司长期以来惠与本公司的厚爱，加之此次订货量大大超出以往，因此**决定应贵公司要求进行特别优惠**。

原价95折优惠。

由于是针对贵公司做出的特别优惠，所以请务必对外保密，签约时有可能会加入价格保密条款。

希望能得到理解和配合。愿双方今后能加深合作，互利共赢！

长江渔具公司营业部 林芳

単語 Vocabulary

□采购 cǎigòu ／ 買付　　　　　□保密条款 bǎomì tiáokuǎn ／ 秘密保持条項
□配合 pèihé ／ 協力する　　　　□务必 wùbì ／ 必ず

定型表現 难以满足贵方的要求。
貴社のご要望にお応えすることは大変難しいです。

件名： **貴社のご要望に対する回答**

南海輸出入有限公司
上海分処
田処長

お世話になっております。
納期短縮のご要望について、社内の経営会議にて検討させていただきましたが、現在のオファー価格では貴社のご要望にお応えすることは大変難しいとの結論に達しました。申し訳ございません。
私どもは貴社との長期的な協力関係を一貫して重視しており、オファー価格も現在提供できるベストプライスです。納期を短縮する場合は、人件費の増加は避けられず、またほかの顧客の納期にも支障をきたします。ご理解いただけますと幸いです。
現在の納期を維持した上で、可能な限り早く納品する形にしたいと思います。また製品を引き取りに来ていただける場合は、分割して納品することも可能です。ご検討いただければ幸いです。
引き続きよろしくお願いいたします。

藤地化粧品株式会社
海外業務部　広岡　みどり

中国ビジネスの豆知識！

自分の条件を譲れない場合、相手の立場を考えて上手に交渉を進めるといいですね。
なお、件名については中国語では曖昧な「要望」よりは、どんな要望かをはっきりしたほうがよいでしょう。

⊕ ここがポイント！

見積もり条件を断ることは簡単ですが、それだけですと、契約締結に至りません。そのため、代替案を出すことが重要です。解決したいという姿勢があることをアピールします。

×

标题： **关于交货期的回复**

南海进出口有限公司
上海分处
田处长：

您好！

针对贵方提出缩短交货期的要求，经我公司内部经营会议讨论，认为在现有报价的前提下，**难以满足贵方的要求**，在此深表歉意。

我方一向重视与贵方的长期互利合作，现有报价是我们所能提供的最优惠价格，如果缩短交货期，势必带来人工成本的上升，并不得不推迟其他客户的供货期，还望予以谅解。

在保持交货期不变的前提下，如果可能，我方愿尽早交货。

此外，如果贵方能够上门提货的话，我方可以考虑分批交货，敬请商讨为盼。

藤地化妆品株式会社
海外业务部 平冈绿

単語 Vocabulary

□分处 fēnchù ／ 支店
□缩短 suōduǎn ／ 短縮する
□敬请 jìngqǐng ／ 謹んでお願いします
□为盼 wéipàn ／ 待ち望む

□处长 chùzhǎng ／ 支店長、処長
□深表歉意 shēnbiǎo qiànyì ／ 深くおわびします
□商讨 shāngtǎo ／ 検討する

016 見積もりの条件を追加する

定型表現 请问能否增加一项要求？
一つ条件を加えることは可能でしょうか。

件名： **別の条件について**

快楽食品グループ
輸出事業部
王奇様

お世話になっております。

先週注文しました「おやつシリーズ」について、**一つ条件を追加させていただいてもよろしいでしょうか。**包装パッケージに日本語と英語のアレルギー性物質の成分説明の印刷を追加したいと考えております。

もともと輸入後に自社でラベルを貼る計画でしたが、貴社に直接印刷をお願いした方が早いかと考えております。もし印刷に同意していただけるなら、単価と納期は現状のまま、注文量を5%増やしたいと希望しております。

追加で印刷する具体的な内容については日本語と英語の文面をご用意いたします。

ご検討いただき、できるだけ早くご返信いただければ幸いです。どうぞよろしくお願いいたします。

成田食品輸入株式会社
スイーツ事業部
高橋　恵子

📮 **中国ビジネスの豆知識！**

アレルゲンは中国ではまだ任意表示の対象ですが、表示を義務化する動きがあります。

⊕ ここがポイント！

見積もり条件を追加することはありますが、その際には相手にとってもメリットがあるように交渉したいところです。ここでは発注の数量を５％増やしています。

☒

标题： **希望加印标识**

快乐食品集团公司
出口业务部
王奇先生：

您好！

关于上周我公司订购的零食系列，**请问能否增加一项要求？** 我们希望在包装上加印日文和英文的过敏原成分说明。

我公司原本计划是在进口之后自行贴上标签的，但是考虑到贵公司直接印刷会更加快捷。

如果贵方同意印制的话，我方愿增加5%的订购量，但希望单价和交货期保持不变。

关于加印的具体内容，我方会提供相应的日文和英文。
恳请贵方商讨后尽快回复。谢谢！

成田食品进口株式会社
甜点事业部
高桥惠子

単語 Vocabulary

□**集团** jítuán ／ グループ
□**订购** dìnggòu ／ 注文する
□**单价** dānjià ／ 単価

□**相关负责人** xiāngguān fùzérén ／ ご担当者様
□**系列** xìliè ／ シリーズ
□**恳请** kěnqǐng ／ 懇願する

017 見積もりの交換条件を提示する

定型表現 決定接受此要求。但是，我们不得不…
要求をお受けすることにしましたが、〜せざるを得ません。

件名： **割引に対するご返答と納期の確認**

亜太美容設備公司
マーケティング部部長　李為様

お世話になっております。美容産業デジタル化調査報告案件につきまして、こちらのオファーは30万人民元でしたが、貴社の値引きのご要望を受け、慎重に検討した結果、ご要求をお受けすることにしました。納期につきましては、現在手元に大量の他の案件があり、貴社のプロジェクトの納期を延期せざるを得ません。一週間延期して、9月10日に提出させていただきたいと思いますが、問題ありませんでしょうか。

ご了承いただければ、すぐに調査業務に着手したいと思います。
ご返信お待ちしております。

理教コンサルティング株式会社
美容産業グループ　高橋　卓

📧 中国ビジネスの豆知識！

割引を受け入れる代わりに納期を伸ばしてもらうのは、どこの国でもよく見かける交換条件です。

⊕ ここがポイント!

交換条件を提示する前に、まずは受け入れ可能な項目を明記します。その後に"但是"を使って相手に譲歩してもらう項目を述べます。これも説得力のあるメールの書き方です。

标题: **关于降价的回复和交货期的确认**

亚太美容设备公司
市场部长 李为先生

您好！关于美容产业数字化调查报告项目，我方的报价是30万人民币，收到贵公司的降价要求后，我们经过仔细研究，**决定接受此要求。**

但是，因为手头正有一大批其他项目在进行，**我们不得不推迟贵公司**项目的交货期。现预计推迟一星期，将在9月10日交付报告。您看是否有问题。如贵公司愿意接受此方案，我们可以马上着手调查工作。

望回复为盼。

理教咨询株式会社
美容产业组 高桥卓

単語 Vocabulary

□**数字化** shùzìhuà ／ デジタル化　　□**降价** jiàngjià ／ 値段を下げる
□**推迟** tuīchí ／ 遅らせる　　　　　　□**交付** jiāofù ／ 提出する、渡す
□**是否** shìfǒu ／ ～かどうか　　　　　□**着手** zhuóshǒu ／ 着手する

018 商品を発注する

定型表現 拟向贵公司订购商品，具体要求如下。
以下の商品を発注いたします。

件名： **商品発注のお知らせ**

天華公司
輸出事業部
郭　士明　様

平素は格別のご高配を賜り、厚く御礼申し上げます。
以下の商品を発注いたします。

1. 商品：ストラップ（型番304dmc）
2. 数量：500個
3. 商品価格：合計15,900人民元
4. 納期：7月30日
5. 支払い方法：商品到着後一か月以内に銀行振り込み

上記に同意いただける場合は、ご回答のうえ、速やかに出荷の準備をよろしくお願いします。

マスダ株式会社
購買部　渡辺　由利

📝 中国ビジネスの豆知識！

複数の要望を提示した後、相手の回答に全て反映されているか、丁寧に確認する作業は大切です。日本の常識がそのまま通じない社会ですので、初期段階から認識が合わないこともよくあります。両社で共通認識が確認できるまで、粘り強くやり取りしていきましょう。

⊕ ここがポイント！

金額を記載する際に、中国では"大写"といって、特別な漢数字を使用します。これは"一"に棒を加えて"二"にさせないなどの工夫です。重要な時にはぜひこれを使いましょう。

☒

标题： **订购通知**

天华公司
出口事业部
郭士明先生

首先感谢贵我双方友好合作。
此次我店拟向贵公司订购商品，**具体要求如下。**

1. 商品：吊饰(型号304dmc)
2. 数量：500个
3. 商品价格：总计人民币15900元（金额大写：壹万伍仟玖佰元整）
4. 交货期：7月30日
5. 付款方式：货到后一个月之内转账支付

如符合以上要求，请即刻回复并准备发货，谢谢。
顺祝商祺！

增田株式会社
采购部
渡边由利

単語 Vocabulary

□ **顺祝商祺** shùnzhù shāngqí ／商売繁盛を祈ります　　　□ **采购** cǎigòu ／買い付ける
□ **吊饰** diàoshì ／ストラップ　　　　　　　　　　　　　　□ **整** zhěng ／ちょうど
□ **转账** zhuǎnzhàng ／銀行振り込み　　　　　　　　　　　□ **发货** fāhuò ／出荷

019 注文を変更する

定型 表現 订购通知做如下更正
オーダーした商品について下記の通り変更させていただきたいと思います。

| | ✕ |

件名： **注文変更のお願い**

明芳箱包有限公司　営業部
朱小敏　様

お世話になります。
当方が3月23日にメールにて貴社にオーダーしました商品について、下記の通り変更させていただきたいと思います。

１．gallant655紳士用リュック300個を取り消し、gallant655紳士用リュック150個及びgallant555女性用リュック150個に変更。
２．vigilant455男性用リュック150個の追加オーダー。

他のオーダーについては変更ありません。
注文の商品の変更によりご面倒をおかけします。何卒ご了承いただけますよう、よろしくお願い申し上げます。

梅香商社責任者
藤島昭雄

🗨 中国ビジネスの豆知識！

中国では"计划不如变化快"「計画は変化に追いつかない」という言葉があるように、ビジネスの世界でも直前まで変更する可能性があることを念頭に入れておきましょう。

⊕ ここがポイント！

品名がよく似た複数の商品について言及するときは、ミスを避けるため箇条書きにするなどの工夫が必要です。"给贵公司造成不便实在抱歉，敬请谅解。"「注文の商品の変更により、ご面倒をおかけします。申し訳ございませんが、何卒ご了承頂けますよう、よろしくお願い申し上げます。」の一文も有用です。

×

标题： **关于订单修改事宜**

明芳箱包有限公司营业部
朱小敏小姐：

您好！我方曾于3月23日发邮件向贵公司订购商品，现对订购内容做如下更正：

1. 取消原来的型号gallant655男士背包300个，改订gallant655男士背包150个，及gallant555女士背包150个。

2.追加订购vigilant455男士背包150个。

其他原有订货不变。
为此给贵公司造成不便实在抱歉，敬请谅解。

梅香商社
负责人 藤岛昭雄

単語 Vocabulary

□更正 gēngzhèng／訂正　　　　　　　□取消 qǔxiāo／キャンセル
□谨表歉意 jǐn biǎo qiànyì／謹んでお詫び申し上げます
□包涵 bāohán／許す、大目に見る　　　□背包 bēibāo／リュック

020 注文をキャンセルする

定型表現 我公司决定取消订货。
注文をキャンセルさせていただきます。

×

件名： **注文キャンセルのお願い**

明海ネジ有限会社　販売部
励力　様

お世話になります。

6月7日メールにて300個の小型ねじを注文しましたが、その後技術担当者による調査の結果、当該商品は弊社の現在の設備に適合しないことが判明しました。つきましては注文をキャンセルさせていただきます。

当方の不手際によりご面倒をおかけし、大変申し訳ございませんでした。ご理解いただければ幸いです。

佐々木電機株式会社
購買部　水谷　守

⊕ ここがポイント！

注文キャンセルの際にはもちろん謝罪が必要ですが、その際に"深表歉意"「深くお詫び申し上げます。」や"希望贵公司多多包涵"「何卒ご理解いただきたい」などの表現が使用されます。

✕

标题： **订单取消事宜**

明海螺丝有限公司 销售部
励力 先生：

您好！

6月7日我公司曾通过邮件向贵公司订购小型螺丝300个。但后来经过技术人员的核查，发现该产品与我公司的现有设备不配套。因此**决定取消上述订货**。

由于我们事先未做好检查工作，给贵公司造成麻烦，实感抱歉。希望贵公司多多包涵。

此致

佐佐木电机株式会社
采购部　水谷守

単語 Vocabulary

□螺丝 luósī ／ ネジ
□核查 héchá ／ 詳細な調査をする
□配套 pèitào ／ 組み合わせる

021 受注を断る

定型表現 无法满足贵方的订货需求。
ご注文を承ることが難しいです。

X

件名： ご発注につきまして

香夢自動車部品有限公司
購買部
楊　一平　様

平素より大変お世話になり感謝申し上げます。
弊社のサイトを通じてご注文いただきました12.8インチのディスプレイ39-SJ
につきましてご注文書を拝見致しました。
大変恐縮ですが、ご注文いただきました商品につきましては、一か月前に生産
中止となっております。生産部門、営業部門にも確認しましたが、在庫がない
ことが判明しました。そのためご注文を承ることが難しい次第です。ご了承い
ただけますと幸いです。
なお、後継モデルの40-SJが2月8日に発売予定です。39-SJのハイビジョンお
よび超薄型の優れた特徴を全面的に継承しており、可視面積がより大きく、電
力消費も少なくなっております。商品紹介のリンク先を記載しますので、ご興
味がありましたらご覧ください。
https://www.123.456
ご注文のご意向がございましたら、ご連絡下さい。

京西ディスプレイ製造株式会社
営業第二部
中村　陽子

📃 中国ビジネスの豆知識！

中国流のビジネスでは顧客の期待値を超えて積極的に追加提案をすることもあります。
単に顧客の顕在ニーズに応えるだけでなく、潜在ニーズを掘り下げて提案することが重
要になります。

☒

標題： **关于您订购的商品**

香梦汽车配件有限公司:

平素承蒙厚爱，在此深表谢意。

贵公司通过我司网站订购的12.8英寸显示屏39-SJ，现已收到订货单。但非常抱歉，该产品已于一个月之前停产。经与生产部门、营业部门联系，也均无存货。所以**无法满足贵方的订货需求，**敬请谅解。

另外，此产品后续款40-SJ将于2月8日上市，该款全面继承了39-SJ的高清晰和超薄优点，可视面积更大，功耗更小，产品介绍请点击链接。
https://www.123.456

如果贵公司有意订购，欢迎与我方联系。

京西显示屏制造株式会社
营业第二部
中村阳子

単語 Vocabulary

□**存货** cúnhuò ／ 在庫
□**订单** dìngdān ／ 注文書
□**敬请谅解** jìng qǐng liàngjiě ／ ご了承ください
□**上市** shàngshì ／ 発売する
□**功耗** gōng hào ／ 電力消費量
□**链接** liànjiē ／ リンク
□**有意** yǒuyì ／ ～する意志がある
□**高清晰** gāo qīngxī ／ ハイビジョン

022 商品の出荷を通知する

定型表現 今日已按原定计划发货。
本日予定通り、商品を出荷致します。

✕

件名： **商品出荷完了のお知らせ**

中国観宇貿易公司
土小紅様

6月3日にメールにてご注文いただきました自動車部品300個ですが、**本日予定通り、商品を出荷致します**。中国語と英語のシッピングアドバイスを添付いたしますので、ご査収ください。6月15日に予定通り神戸港にて船積みいたします。

契約番号：
L/C番号：
品名：　　　　数量：
金額：　　　　船名：
出帆日時：
B/L番号：
貨物追跡用ID：

また、貴地で荷揚げの便宜を図るために、貨物の梱包に特別に赤色で会社のマークを追加しました。添付の写真をご参照ください。貨物は6月25日に上海港に到着する予定です。変更がある場合には、速やかにご連絡いたします。
どうぞよろしくお願いいたします。

川崎ビジネス株式会社
自動車部
川本　隆

🗩 中国ビジネスの豆知識！

輸出会社はこのようにインボイスを船積み通知として使用することがあります。

フォーマル編

問合せ

見積り

受注・注文・納品

請求

クレーム

アポ

社内

出張

イベント

通知

採用

⊕ ここがポイント！

商品出荷のお知らせは商品の概要すべてをきちんと記載することで、先方はその後の追跡がしやすくなります。

☒

标题： **商品发货通知**

中国观宇贸易公司：
王小红女士：

贵公司于6月3日邮件中订购的300台汽车配件，**今日已按原定计划发货。**
随函附上中英文版装船通知（shipping advice），请查收。按计划于6月
15日在神户港装船。

合同号：
信用证号：
品名： 数量：
金额： 船舶名称：
开航日期：
装运港、转运港、目的港：
提运单号码：
货件跟踪ID：

此外，为了方便贵方卸货，我们在货物外包装上特别增加了红色公司
标志，请参见附件图片。
货物预定6月25日抵达上海港，如有变更，我方将及时通知。
顺颂商祺！

川崎商务株式会社
汽车部
川本隆

単語 Vocabulary

□请查收 qǐng cháshōu ／ ご査収ください
□标志 biāozhì ／ マーク、標識
□装船 zhuāng chuán ／ 船積み

□卸货 xièhuò ／ 積み荷をおろす
□参见 cānjiàn ／ 参照する

定型表現 我们仍然没有收到货物。
まだ商品を受け取っておりません。

件名： **商品発送状況のご確認**

明海公司
販売部
ご担当者様

お世話になっております。

弊社がオーダーしたキーボード10個については、6月8日付けの貴社からの商品発送通知によると、6月20日に発送する予定となっています。しかし本日6月23日になってもまだ商品を受け取れておりません。どのような原因かは分かりません。

貴社からの発送通知には発送伝票の番号が記載されていませんでした。貴社のカスタマーサービスに電話をしましたが、適切な回答が得られませんでした。

出来る限り早く調査し、ご返信ください。

ご協力のほどよろしくお願いします。

東方パソコン株式会社
藤井拓

📃 中国ビジネスの豆知識！

昔と比べて、中国でもサービス意識が全般的に高まってはいますが、それでも「状況が変化すると相手に大きな影響が与える」という認識が薄い企業・個人は依然として存在します。「そのうち着くだろう」と商品の到着日については軽視する場合もあります。自分から積極的に情報を収集した方が良いかもしれないですね。

⊕ ここがポイント！

発送状況を確認するメールについては発送通知を受け取った日付、発送予定日の日付などを明記し、これまでの経緯がわかるようにします。

✕

标题： **请告知商品的物流信息**

明海公司
销售部
负责人：

您好！
关于我方此次订购的10个键盘，贵公司曾在6月8日的发货通知中写明6月20日发货。可是时至今日，我们仍然没有收到货物，也不清楚是什么原因。
贵方在发货通知中没有告知发货单号，我方曾电话询问贵公司客服，也未得到合理回答。
希望贵方尽快查明此事，并及早给予回复。
感谢您的配合。

东方电脑株式会社
藤井拓

単語 Vocabulary

□键盘 jiànpán ／ キーボード
□发货单号 fā huò dān hào ／ 出荷番号
□客服 kèfú ／ カスタマーサービス

024 商品の到着を連絡する

定型表現 我公司已于今日刚刚收到商品。
本日商品を受領いたしました。

件名： **商品が到着しました**

明海公司
販売部
ご担当者様

お世話になっております。

弊社は**本日（6月23日）キーボード500個**を受領いたしました。通関業者によると、台風の影響により船積みが三日遅延したとのことです。

貨物が到着し、幸い生産ラインの工期に間に合いまして、生産計画には影響しませんでした。

次回発送する際には問い合わせ番号をお知らせいただければ幸いです。また、なにか変更がありましたら速やかにお知らせいただければと思います。

取り急ぎご連絡させていただきました。ありがとうございました。

東方パソコン株式会社
購買部　藤井拓

⊕ ここがポイント！

このような商品到着の連絡は速やかに相手に伝えたいところです。文末に"特此函复"「取り急ぎご連絡させていただきました」を使用して簡潔に相手に連絡します。

✕

標題：　**商品到货事宜**

明海公司
销售部
负责人

您好！

我公司已于今日（6月23日）刚刚收到500个键盘。 经询问通关公司，我们了解到是由于台风影响导致装船日期延迟了3天。

此次到货恰好赶上了生产线的工期，工作计划未受影响。

希望在下次发货时能告知查询号，并及时告知任何变动情况。

特此函复！谢谢！

东方电脑株式会社
采购部　藤井拓

単語 Vocabulary

□**通关** tōngguān ／ 通関
□**恰好** qiàhǎo ／ ちょうど、都合よく
□**特此函复** tècǐ hán fù ／取り急ぎご連絡まで
□**延迟** yánchí ／ 遅延
□**查询号** cháxúnhào ／ 追跡番号

025

支払い情報を確認する

定型表現 确认账号是否正确。
銀行口座番号が正しいかどうかご確認ください。

件名： **銀行口座番号のご確認**

忠明有限公司
財務部　ご担当者様

お世話になっております。
8月10日に貴社からのコンサルタント費用の請求書を拝受しました。しかし、弊社会計担当者が振込手続きを行った際に、銀行から当該口座番号は確認できないとの通知を受けました。ご面倒をおかけしますが、銀行口座番号が正しいかどうか再度ご確認ください。

中国銀行 上海国貿中心支行
621662 08000003847656757
口座番号　zhongming

また、貴社の請求書には振込手数料は弊社負担と記載してありますが、7月1日の最終見積書に当該部分の手続き費用は貴社が負担すると明記してあるため、弊社での負担は致しかねます。ご確認いただければ幸いです。

小沢株式会社
経理部　長谷明美

📥 中国ビジネスの豆知識！

中国に送金するには大手銀行でおおむね5000円前後の手数料が必要です。また海外からの送金受領にも銀行の手数料がかかります。

⊕ ここがポイント！

支払いの際に明記しておきたいのが振込手数料（"汇款手续费"）をどちらが負担するかです。特に海外送金の場合は送金手数料が高額になるため、トラブルの元になります。

☒

标题： **请确认账号信息**

忠明有限公司
财务部 负责人

我方8月10日收到贵公司寄来的咨询费结算单，但会计人员在办理汇款时，被银行告知此账号查询不到。
麻烦您再次确认下述账号是否正确。

中国银行 上海国贸中心支行
621662 08000003847656757
账号名称 zhongming

此外，贵方的结算单要求我方承担汇款手续费，我方恕难接受，因为7月1日的最终报价单中已经写明该部分手续费由贵方承担，请予以确认。

小泽株式会社
会计部　长谷 明美

単語 Vocabulary

☐ 结算单 jiésuàn dān ／明細書　　　☐ 账号 zhànghào ／アカウント
☐ 承担 chéngdān ／引き受ける　　　☐ 汇款 huìkuǎn ／送金
☐ 恕难接受 shù nán jiēshòu ／受け入れらない

026 支払いを請求する

定型表現 将付款通知单发送给您。
請求書をご送付申し上げます。

✕

件名： **不動産コンサルティング費用のご請求書**

豊輝集団日本事業部
史部長

盛夏の候、貴社ますますご繁栄のこととお慶び申し上げます。平素よりお世話になり、感謝申し上げます。

先日のご依頼により、東京、名古屋および大阪の三つの不動産案件につきまして、コンサルティング報告書を提出しました。
コンサルティング費用の請求書をPDF形式にてご送付申し上げます。
今回は案件別に3枚の請求書をそれぞれ作成し、明細も添付いたしました。ご確認いただければ幸いです。

何かご質問がありましたら、いつでもご連絡ください。

このたびのご依頼、誠にありがとうございました。

桜花コンサルティング株式会社
シニアアドバイザー　青木

🗩 中国ビジネスの豆知識！

ビジネスのスピードを優先する中国ではこのような書類はPDF版でメール送信が一般的です。

フォーマル編

問合せ
見積り
注文
請求・支払い
クレーム
アポ
社内
出張
イベント
通知
採用

⊕ ここがポイント！

支払いを請求する際には請求のみでなく、発注のお礼を一文入れるとよいでしょう。日本では文頭に季節の挨拶が入りますが、中国語では文末に入ります。余裕があるなら加えたいところです。

标题： **关于房地产咨询费用的付款通知单**

丰辉集团日本事业部
史部长：

您好！
感谢您对我公司一贯的信任和支持！

上次受您委托对东京、名古屋及大阪等三个房地产项目进行了考察并提交了咨询报告。
现将相关咨询费用的付款通知单以PDF形式发送给您，
我方按不同项目分别制作了三张付款通知单，并附上了明细，请予以确认。

如有任何疑问，请随时联系我。

顺颂夏安！

樱花咨询株式会社
高级顾问 青木

単語 Vocabulary

□信任 xìnrèn ／ 信頼する
□顺颂夏安 shùn sòng xià ān ／ 盛夏の候、貴社ますますご繁栄のこととお慶び申し上げます
□高级顾问 gāojí gùwèn ／ シニアアドバイザー、高級顧問

027 支払いを催促する：1回目

定型表現 请贵方将货款汇至我方以下账户。
代金を下記の口座にお振込み下さいますようお願いします。

×

件名： **お支払のお願い**

同日制冷設備有限公司
林マネージャー

お世話になっております。弊社の製品をお買い上げいただき、誠にありがとうございます。

両者間で締結した「○○契約」および7月2日に弊社より発行済の請求書（請求書番号：20140531-2F）によると、貴社は7月31日までに当社に135,200円を支払うことになっておりますが、現時点でまだ商品代金を受領しておりません。この通知を受け取りましたら、速やかに上記の未払い代金を下記の口座にお振込み下さいますようお願いします。
口座名義人：
銀行名：
口座番号：

どうぞよろしくお願い致します。

ABCエレクトロニクス株式会社
尾崎

📋 中国ビジネスの豆知識！

1回目の催促なので、丁寧に書いたほうが無難でしょう。

⊕ ここがポイント！

支払いを督促する場合には冷静に落ち着いた表現をしたいものです。"我方至今未收到货款。"「現時点でまだ商品代金を受領しておりません」も有用な表現です。件名で「催促」のニュアンスを遠回しに伝えたい時は、「关于请款单编号〇〇的货款未到账事宜」にすることもお勧めです。

☒

标题：　**催款通知**

同日制冷设备有限公司
林经理：

感谢贵司对我司的支持，选择我司产品，与我司建立友好合作关系。

根据贵我双方经协商签订的《〇〇合同》和7月2日发出的请款单（请款单编号：20140531-2Ｆ），贵方应于7月31日之前向我方支付135,200日元，但我方至今未收到货款。
请贵方在收到此通知后立即将上述逾期未付的货款汇至我方以下账户。
户名：
开户行：
账号：

特此通知。
顺祝商祺！

ABC电子株式会社
尾崎

単語 Vocabulary

- □**请款单** qǐngkuǎndān ／ 請求書
- □**协商** xiéshāng ／ 協議する
- □**货款** huòkuǎn ／ 商品代金
- □**逾期** yúqī ／ 期限を過ぎた

028 支払いを催促する：2回目

定型表現 如果货款仍未到账，我方将不得不诉诸其他方式解决问题。

商品代金が振り込まれなければ、他の解決方法をとらざるを得ません。

件名：　お支払につきまして　　　　　　　　　　　　　　⊠

定好公司
王　長栄　様

貴社の商品代金の支払い遅延について下記の通り再度ご連絡申し上げます。

先月既に貴社に対して今年8月の商品代金を速やかに支払うよう、書面にて督促をさせていただきました。その後も何度も電話をし、問い合わせをさせていただきましたが、非常に残念なことに、未だに商品代金を受け取っておりません。また貴社からの明確な回答も得られておりません。

貴社の支払い遅延はすでに当社の資金繰りと生産手配に深刻な影響を及ぼしています。

10月末になっても商品代金が振り込まれなければ、当方としては他の解決方法をとらざるを得ません。

以上の通りお知らせ申し上げます。

日式カトラリー株式会社
吉田　貴史

🗩 中国ビジネスの豆知識！

中国では、決算手段として現金の代わりに銀行引受手形又は商業手形の使用も認められていますが、手形制度は内容・罰則ともに日本ほど厳しくないため、注意が必要です。

⊕ ここがポイント！

1回目のご連絡とは異なり、2回目の支払催促時は「未支払が続く場合の他の解決対策」を厳格に伝える必要があります。支払いを督促するメールは気が重く、書きにくいものですが、深く考えず、事務的にさらっと事実だけを述べる気持ちで書くとよいでしょう。

☒

标题： **第三次催款通知**

定好公司
王长荣先生：

现就贵公司拖欠我司货款一事再次致函如下。

上个月我公司曾发函催促贵公司尽快支付今年8月的货款。之后又多次致电询问。但非常遗憾我公司至今仍然未收到货款，而且也没有得到贵公司的明确答复。

贵公司拖欠货款已严重影响了我公司的资金周转和生产安排。

如果到了10月底货款仍未到账，我方将不得不诉诸其他方式解决问题。

特此通知。

日式餐具株式会社
吉田贵史

単語 Vocabulary

☐ **致函** zhì hán ／ 手紙・メールを送る   ☐ **拖欠** tuōqiàn ／ 延滞する
☐ **资金周转** zījīn zhōuzhuǎn ／ 資金繰り
☐ **货款** huòkuǎn ／ 商品代金

029 支払い完了の連絡をする

定型表現 今天已向贵公司账户汇款。
本日貴社の口座に振り込みをしました。

件名： **お支払完了のご連絡**

龍華不動産賃貸有限公司
カスタマーマネージャー　張華様

お世話になっております。
昨日締結しました不動産賃貸契約に基づいて、貴社の明華開発区従業員宿舎を借り、1か月の保証金及び3か月の家賃前払いの方法で、保証金と家賃をお支払いいたします。
本日中国建設銀行上海分行から貴口座に振り込みをしました。

口座名：龍華不動産賃貸有限公司
口座番号：*******
銀行名：中国工商銀行***分行

振込金額：人民元96000元
明細は下記の通りです。
1. 保証金：24000元　　2. 家賃（4〜6月分）:72000元

ご面倒をおかけしますが、ご確認ください。もし何か問題がありましたら、お気軽にご連絡いただければ幸いです。
三徳株式会社上海分公司

💬 中国ビジネスの豆知識！

中国での部屋探しは、不動産業者や家主に有利な条件が多く設定されています。"押一付三"「1か月分の保証金、3か月分の家賃前払い」が基本ですが、"押二付三"や"押一付六"もあります。途中解約すると、保証金も先払いの家賃も戻ってこないケースが多いため、交渉がとても大事です。

フォーマル編

問合せ

見積り

注文

請求・支払い

クレーム

アポ

社内

出張

イベント

通知

採用

⊕ ここがポイント！

金額を記載するときには"大写"を使用します。さらに、末尾に"整"をつけることで、「ちょうど」という意味を加えて強調しましょう。

☒

标题：　**汇款完成通知**

龙华房屋租赁有限公司
张华客户经理：

您好！
按照昨天签订的房屋租赁合同，
我司租赁贵公司明华开发区员工宿舍按押一付三的方式支付押金和房租。

我司今天已通过中国建设银行上海分行向贵公司以下账户汇款：

账户名：龙华房屋租赁有限公司
账户号：＊＊＊＊＊＊＊
开户行：中国工商银行＊＊＊分行

汇入人民币96000元（玖万陆仟元整），
具体明细如下：
1. 房屋押金：24000元（贰万肆仟元整）
2. 租金(4-6月):72000元（柒万贰仟元整）

烦请查收！如有问题，请随时联系。
三德株式会社上海分公司

単語 Vocabulary

□**签订** qiāndìng ／ 署名する、サインする
□**汇入** huì rù ／ 振り込む
□**租金** zūjīn ／ 家賃
□**房屋租赁** fángwū zūlìn ／ 不動産賃貸
□**押金** yājīn ／保証金

030 送金の受領を通知する

> **定型表現**
>
> 現已到账。
> 入金を確認いたしました。

> ✕
>
> **件名：** ご送金受領のご連絡
>
> 名城株式会社
> 斎藤　浩　課長
>
> 1月10日から13日のナビゲーションシステム展示会について、ご送金いただきました展示会参加費用の入金を確認いたしました。
>
> 金額169400元
> （展示会参加費用、ホテル宿泊費（2人×4泊5日）及びブース内の装飾・設備一式）
>
> また、現場の通訳者を手配する件について、解決できましたでしょうか。
> 手配の必要がありましたら、お手数ですが、できるだけ早くご連絡ください。
> 最新の出展会社名と現場レイアウトの写真を添付いたします。ご確認ください。
>
> ご来訪をお待ちしております。
>
> 永興展示会有限公司

フォーマル編

問合せ

見積り

注文

請求・支払い

クレーム

アポ

社内

出張

イベント

通知

採用

⊕ ここがポイント！

送金受領を通知するメールは具体的にどの項目の費用なのかを明確に記載します。またこのメールのように通訳など相手が忘れている可能性がある項目があれば、提案するのもよいでしょう。なお、齋と斉は似ていますが、中国語の簡体字では前者が"斋 zhāi"、後者が"齐qí"となります。

标题： **到账通知**

名城株式会社
齐藤浩　科长：

关于明年1月10日至13日的导航系统展会，贵公司电汇的以下参展费现已到账，谢谢支持和配合！
金额：人民币169400元（拾陆万玖千肆佰元整）
　　　（包括参展费、饭店住宿费2人5天4晚、展位内装设备一套）

另，关于现场翻译人员的安排一事，不知贵方是否已经解决？
如有需要，烦请尽早联系我方。
随函附送最新的参展单位名单和布展现场照片，请您过目。

欢迎您的到来！

永兴会展有限公司

单語 Vocabulary

□**导航** dǎoháng ／ ナビゲーション　　　　　□**系统** xìtǒng ／ システム
□**翻译人员** fānyì rényuán ／ 通訳、翻訳者
□**饭店住宿费** fàndiàn zhùsù fèi ／ ホテルの宿泊料
□**如有需要** rú yǒu xūyào／必要があれば
□**过目** guòmù ／ 目を通す

031 商品が届かない

定型表現 至今未收到商品。
現時点で商品が届いておりません。

件名： **商品未着の件**

お客様サービスセンター　御中

3月5日に天天サイトで購入した「中国最新歌謡曲（ブルーレイディスク）」は3月8日に到着することになっています。しかし3日たった今もまだ到着しておりません。また何らかの遅延のお知らせも届いておりません。
商品名及び注文番号は以下の通りです。

商品名：中国最新歌謡曲（ブルーレイディスク）
注文番号：8323837

直ちにご確認いただき、すみやかに発送いただきたいと思います。ご対応いただけない場合には返金あるいは損害賠償をご要求させていただく場合があります。
出来るだけ早いご回答をお待ちしております。

鈴木　杏美

⊕ ここがポイント!

品物が届かないことを伝える一文から始めます。相手がどのような商品か特定しやすいように商品名や注文番号を記載するとよいでしょう。
本シーンの件名はシンプルなタイトルにしていますが、実務では、契約番号や商品名など記入したほうが先方は調べやすく、便利でしょう。

✕

标题：	**商品未到货**

客服您好！

关于3月5日经天天网站订购的"中国最新歌曲(蓝光光盘)"，预定到货期是3月8日，现已逾期三天，但我方**至今未收到商品**，也未收到任何延迟通知。

商品名和订单号如下：
商品名："中国最新歌曲(蓝光光盘)"
订单号：8323837

请贵方立即给予确认，尽快发货，否则我方有可能要求退款或赔偿损失。
希望贵方尽快回复为盼。

铃木杏美

単語 Vocabulary

□**网站** wǎngzhàn ／ ウェブサイト
□**退款** tuì kuǎn ／ 返金
□**赔偿损失** péicháng sǔnshī ／ 損害を賠償する

032 商品に数量違いがある

定型表現 发现货物数量短缺。
数量不足が見つかりました。

⊠

件名： **商品の数量不足**

中国鉄鉱石販売有限公司
総経理 王洪 様

貴社いよいよご清栄のこととお慶び申し上げます。

2020年度の契約規定に基づく9月分の鉄鉱石(配船番号SEP-2)配船DEFの件につきまして、既に双方で確認し、当方も貨物に関する十分な情報をお伝えしましたが、9月22日バースに到着した当日になって、数量不足が見つかり、当該貨物船への船積み遅延になりました。

今年になってから今回が2回目の遅延ですが、このことは双方の信頼関係を損なうものであり、大変遺憾です。

貴社におかれましては今回の事態の原因を速やかに調査し、明確な回答をいただくようお願い申し上げます。同時に貴社には必要な措置をご検討いただき、類似する事態が再発しないように対策を講じていただきたいと思います。

ご協力に感謝申し上げます。何卒宜しくお願い致します。

新橋マテリアル供給株式会社
部長　高橋　守夫

⊕ ここがポイント！

商品の数量に違いが生じたことによる影響を伝えます。ここでは"导致○○"を使うことで「○○の事態を引き起こした」という表現になっていますが、"导致"はネガティブな意味で使用します。また"深感遗憾"で残念に思っている気持ちを表現します。

标题： **关于货物数量短缺事宜**

中国铁矿石销售有限公司
总经理　王洪　先生：

谨祝贵公司业务蒸蒸日上。

关于2020年度合同规定的9月份铁矿石（配船号码：SEP-2）"DEF轮"派船事宜，尽管事先我们双方已做好必要沟通，我方也给予了完整的货物信息，但在9月22日该轮到达泊位的当天，却**发现货物数量短缺**，导致该轮装船延误。

这已是今年第二次发生的延误事件，损害了双方的信赖关系，我们为此深感遗憾。

我公司希望贵公司查明此次事件的原因，并做出明确的答复。同时也希望贵公司采取必要措施，防止类似问题再次发生。谢谢合作。

此敬

新桥原料供应株式会社
部长　高桥守夫

単語 Vocabulary

□**查明** chámíng／明らかにする
□**答复** dáfù／回答
□**延误** yánwù／遅延

□**原料** yuánliào／原料
□**短缺** duǎnquē／数量不足
□**泊位** bówèi／バース、停泊場所

033 間違った商品が届いた

定型表現 実際到货物品与发货单存在出入。
実際に到着した商品が納品書の商品と異なっています。

×

件名： **発送商品の調査のお願い**

RTイヤホン有限公司
販売部　蔡主管

先月注文したワイヤレスイヤホンdkeo-228が本日到着いたしました。しかし検査の結果、実際に到着した商品は納品書のものと異なることが判明しました。具体的には以下の通りです。

納品書：dkeo-228、100個

実際に到着した商品：dkeo-228、90個

　　　　　　　　　　　dkeo-218、10個

おそらく双方の形状や色が似ていて、発送時に取り間違えたのではないかと思います。貴社におかれましては事実を調査し、原因をはっきりさせた上で、できるだけ早く間違った商品の交換をお願いしたいと思います。

これらのワイヤレスイヤホンは当社の新機種のスマートフォンに使用する予定で、新機種は11月に発売予定です。時間が迫っておりますので、至急処理していただきますようお願い申し上げます。

ご協力に感謝いたします。

本田スマートフォン製造株式会社
購買部　上原　佐一

フォーマル編

問合せ

見積り

注文

請求

クレーム・謝罪

アポ

社内

出張

イベント

通知・採用

⊕ ここがポイント!

間違った商品が届いたことを先方に伝える際にはわかりやすく、箇条書きにするとよいでしょう。またこちらの要望としてどのように処理してほしいか、こちらが急いでいる理由も明記すると早く解決することができるかもしれません。

✕

标题: **请核实发货内容**

RT耳机有限公司、销售部
蔡主管:

上个月我公司订购的无线耳机组件dkeo-228今天已经到货。
但是经过初步检查验货,**发现实际到货物品与发货单存在出入**,
具体差异如下:
发货单:dkeo-228, 100个

实际到货:dkeo-228, 90个;
　　　　　dkeo-218, 10个

我方推测可能是由于两款耳机的形状和颜色相似,发货时拿错了。
烦请贵公司在核实清楚后尽快予以调换。

由于这批无线耳机将配用于我公司的新款智能手机,
新款手机计划11月上市,时间紧迫,望贵公司加急处理为盼。

谢谢!

本田手机制作株式会社
采购部 上原佐一

単語 Vocabulary

□**核实** héshí / 事実を確かめる　　□**检查验货** jiǎnchá yàn huò / 商品を検査する
□**差异** chāyì / 違い　　　　　　　□**无线耳机** wúxiàn ěrjī / ワイヤレスイヤホン
□**紧迫** jǐnpò / 緊迫している、迫っている　□**调换** diàohuàn / 入れ替える

034 商品に不良品・破損がある

定型表現 该批货物有一部分存在质量问题。
一部の商品に品質上の問題があることが判明しました。

☒

件名： 貨物の品質問題

花果山扇風機有限公司
販売部
郭　漢文　様

お世話になっております。
契約番号39348の携帯式ファンを受け取りました。しかし入荷時の品質検査を行った際に、一部の貨物に品質上の問題があることが判明しました。

品質管理部発行の検査報告書を添付いたします。主な問題は次の通りです。
品名：ポータブルファン
ロット番号：FA22
問題点：継続運転時間が基準に未達（基準時間600min，実際の時間360min）
規格外率：40%
故障率：30%（検査測定サンプル100本）

規格外率と故障率が非常に高いため、出来る限り早く原因を調査し、合理的な解決案をお出しいただけますようお願い申し上げます。

1日も早い返信をお待ちしております。

吉田ビジネス用品株式会社
購買担当　稲田　智

⊕ ここがポイント！

商品に問題がある場合は、クレームに発展してしまうなど事態は深刻です。
問題発生の状況について、検査報告書や写真などを添付して明確に記載しておくべきでしょう。"出具的检验报告书"「検査報告書を添付します」などはよく使用される表現です。

标题： **关于进货检验结果的通知**

花果山风扇有限公司
销售部
郭汉文先生：

8月1日我们收到了合同号39348的便携式风扇。
经进货检验后发现该批货物有一部分存在质量问题。

兹附上品质部出具的检验报告书，主要问题摘要如下：
品名：便携式风扇
批次：FA22
问题点：续航时间不达标 （标准时间600min，实际时间360min）
超标率：40%
故障率：30%(检测样本100份)

因超标率和故障率相当突出，我方要求贵公司尽快查明原因并给出合理的解决方案。

望早日回复为盼。

吉田商务用品株式会社
采购负责人 稻田智

単語 Vocabulary

□**品质部** pǐnzhì bù ／ 品質部門　　□**检验报告书** jiǎnyàn bàogào shū ／ 検査報告書
□**续航时间** xùháng shíjiān ／ 継続運転時間　□**早日** zǎorì ／ 一日も早く
□**便携式** biànxiéshì ／携帯用

035 商品の返品・交換を依頼する

定型表現 要求退回不良品。
不良品の返品を要求します。

| 件名： | **貴社不良品の返品手続き** |

ダンディビューティー公司
生産部
龍　亜紅　様

お世話になっております。
当店が1月20日にオーダーした100個のブリーフケース(型番：soe-387)を本日受け取りました。しかし検品の結果、そのうち13個は縫製上の問題があることが判明しました。写真を添付いたしますので、ご確認ください。

当商品は、当店ネットショップの売れ筋商品です。**不良品の交換を要求します。**
このメールを確認しましたら、品質基準に適合した同じ型番のブリーフケースを13個速やかにお送り下さいますようお願いします。
新品受領後の品質検査で合格を確認してから13個の不良品を返品いたします。
返品送料は貴社負担でお願いいたします。

ご理解とご協力のほどお願いします。

鈴木ブリーフケース株式会社
購買部
小林　茂雄

⊕ ここがポイント！

まずは発送品を受け取ったことを伝えます。次にどのような問題が発生しているか、写真を添付するなどしてはっきり伝えましょう。
最後にどのような対応をしてほしいかを伝えます。

✕

标题： **关于不良品的补货和退货要求**

团迪美公司
生产部
龙亚红女士：

我公司于1月20日订购的100个公务包（型号：soe-387），今天已确认到货。
但经检查，发现其中13个公务包的缝制有问题。现附上照片，请确认。

该款型是我公司网店的畅销品，**要求退回不良品**，希望贵公司在收到邮件后，在保证质量的前提下立即再快递13个同款公务包。
我司将在收到新品并检查合格后，将13个不良品做退货处理，退货的快递费用将由贵方承担。

敬请理解与配合！

铃木公务包株式会社
采购部
小林茂雄

単語 Vocabulary

□**补货** bǔ huò／商品を補充する
□**公务包** gōngwù bāo／ビジネスバッグ
□**款型** kuǎn xíng／モデル
□**畅销品** chàngxiāo pǐn／売れ筋商品

□**退货** tuìhuò／返品する
□**缝制** féng zhì／縫製する
□**网店** wǎng diàn／オンラインストア
□**快递** kuàidì／速達便

036 お詫びの品を送る

定型表現 为了表示歉意，我们将向贵方赠送我公司畅销品。
お詫びの気持ちとして、弊社の売れ筋商品をお送り
させていただきます。

件名： **欠品のお詫びと代替品送付の件**

天津ベビー用品有限公司
林武様

お世話になっております。

貴社が必要としている乳児用粉ミルクを速やかに提供することができず、多くの顧客に影響を及ぼしたことに対して、深くお詫び申し上げます。

今年の春以降中国各地で粉ミルクの需要が急激に増加し、供給不足が続いております。またご存じの通り、日本の九州地方が台風被害に見舞われ、弊社の北九州工場も大きな影響を受けております。現在当社では一刻も早く新たな供給体制を構築すべく検討しており、市場のニーズを満たすよう努力しております。

お詫びの気持ちとして、次回の納品時にわが社の売れ筋商品であります「マミー哺乳瓶」1000個をお送りさせていただきます。ぜひ粉ミルクの販促品としてお使いください。

今後とも引き続きご愛顧いただきますよう、何卒よろしくお願い申し上げます。

アンディーベビー用品株式会社
中村喜朗

📝 中国ビジネスの豆知識！

中国では経済的な余裕がある家庭は海外産の粉ミルクを購入する傾向にあります。いま一番人気があるのは欧米産の粉ミルクです。日本産の粉ミルクも品質が信頼できることから人気を博しています。

⊕ ここがポイント！

まずは相手のニーズに応えられなかったことに対するお詫びを述べます。そして今後の改善点を伝え、相手を安心させます。最後に「お詫びの品を送る」ことを伝えればよいでしょう。

☒

标题： **关于赠品提供事宜**

天津婴儿用品有限公司
林武先生：

您好！此次由于未能及时供应婴儿奶粉，给贵公司乃至广大消费者造成诸多不便，我谨代表我公司深表歉意。

今春以来，随着中国各地的需求量急剧上升，我公司一致处于供货紧张状态。而且，如您所知，由于日本九州地区遭遇台风，我们北九州工厂也受到了巨大影响。如今，我们正在加紧研讨构建新的供货体制，竭力满足市场需求。

为了表示歉意，我方计划在下一批交货时，向贵方赠送我公司畅销品妈咪奶瓶1000个，建议作为销售奶粉时的赠品使用。

希望以后一如既往地惠顾我公司。

安德婴儿用品株式会社
中村喜朗

单语 Vocabulary

□赠品 zèngpǐn ／ 贈呈品
□需求量 xūqiú liàng ／ 需要、ニーズ
□赠送 zèngsòng ／ 贈り物をする

□婴儿 yīng'ér ／ 赤ちゃん
□奶粉 nǎifěn ／ 粉ミルク
□惠顾 huìgù ／ ご愛顧、お引き立て

037 請求書の金額が間違っている

定型表現 金額不符合双方已经谈妥的金额。
金額が双方で合意したものと異なります。

件名： 請求書の金額確認のお願い

Bluetooth設備有限公司
安　菲亜　様

お世話になっております。4月20日付の請求書を拝受いたしました。確認をしたところ金額が双方で合意したものと異なることが判明しました。

1．商談時に確認したBluetoothマウス型番ckd-2の単価は28.4元でしたが、請求書では単価が28.5元となっています。
2．商談時に確認したBluetoothスピーカー型番38EOの単価は480元でしたが、請求書では単価が485元となっています。

貴社におかれましては、出来る限り速やかに確認をいただき、再度新しい請求書を発行していただけますようお願い申し上げます。
ご協力に感謝申し上げます。

庄司オフィスファシリティー株式会社
経理部
前原 春菜

⊕ ここがポイント！

まずは請求書を受け取ったことを伝えましょう。その後に確認した結果金額が違っていることを伝えます。どのように違っているか箇条書きで分かりやすく相手に伝え、請求書の再発行を依頼します。"核实"「事実を確認する」等の表現が使用できます。

标题： **付款通知单金额有误**

蓝牙设备有限公司
安菲亚女士：

今收到贵公司4月20日发来的付款通知单，我公司对此进行了核算，发现**金额不符合双方谈妥时已经确认的金额**，具体如下：

1. 洽谈时蓝牙鼠标型号ckd-2单价28.4元，但付款通知单上单价为28.5元。
2. 蓝牙扬声器型号38EO单价480元，但付款通知单里的单价为485元。

请贵公司尽快核实后，重新开具付款通知单。
感谢您的配合。

庄司办公设备株式会社
会计部
前原春菜

単語 Vocabulary

□ **设备** shèbèi ／設備、デバイス   □ **付款通知单** fùkuǎn tōngzhī dān ／支払通知書
□ **蓝牙** lányá ／Bluetooth   □ **鼠标** shǔbiāo ／マウス
□ **开具** kāijù ／発行する

038 メールの返信が遅くなったとき

定型表現 未能及时回复，实在抱歉！
すぐにご返信ができず、大変申し訳ございません。

件名： **Re:日本アニメ版権代理店の件**

ブラックアント広告有限公司
葛蘭様

お世話になっております。
12月4日のメールを拝受いたしました。出張のためすぐにご返信ができず、大変申し訳ございません。お尋ねの日本アニメ版権代理店に関する状況ですが、私の理解ではB、C、Dの三社が比較的規模が大きく、それぞれの強みがあると思います。

私はB社に知り合いがいますが、B社は動画の版権及びイメージキャラクターの版権のほか、商品の開発にも携わり、しかも中国市場にも熱意があると思います。
必要ならご紹介しますが、まず知りたいことを書き出していただければ、先方にお伝えします。
先方にも貴社と提携したいという気持ちがあるなら、具体的な担当者をご紹介しますので、直接連絡してみてください。それでいかがですか。
では引き続きよろしくお願いいたします。

富士経済研究所
大谷　怜雄

📑 **中国ビジネスの豆知識！**

中国人が好きな言葉に「在家靠父母，出門靠朋友」があります。家では親に頼るが、外では友人に頼るという意味です。トラブルを解決するだけでなく、新しい客先を開拓するために人脈を使うことにまったく抵抗がありません。

⊕ ここがポイント！

メールの返信が遅くなったときは軽く理由を述べるだけでよいでしょう。
文末の"祝好！"は「順調にいくといいですね」というニュアンスですが、「ご自
愛ください」とも取れますので、どんな場面でも使える便利な表現です。

標題： **Re:日本动漫版权代理商的情况** ☒

黑蚂蚁广告有限公司
葛兰：

你好！
我已收到你12月4日的邮件，但因为出差未能及时回复，实在抱歉！
你问我有关日本动漫版权代理商的情况，据我的了解，B、C、D这三
家公司规模比较大，各有各的优势。
我有一位熟人在B公司。B公司除了视频授权、形象授权以外，还经营
商品开发，而且对中国市场也是相当热心。
如果你需要我介绍，最好先把你想要了解的事项列出来，我帮你转达。
如果他们也有意向，我就将具体联系人告诉你，你们直接联系，你看
如何？

祝好！

富士经济研究所
大谷怜雄

単語 Vocabulary

□**版权** bǎnquán ／ 版権
□**优势** yōushì ／ 優勢、アドバンテージ
□**熟人** shúrén ／ 知り合い
□**意向** yìxiàng ／ 意向

□**代理商** dàilǐ shāng ／ エージェント、代理店
□**动漫** dòngmàn ／ アニメ
□**转达** zhuǎndá ／ 伝達する

039 失礼を謝る

定型表現 我把您的名字不小心写错了。/ 忘记添加会议URL了。
あなたの名前を書き間違えました。/ 会議のURLを添付
するのを失念しておりました。

件名： **お名前の書き間違いに関するお詫び**

李明徳部長

先ほど送付したメールの中で、お名前を書き間違えておりました。申し訳ございませんでした。ご容赦いただきますようお願い申し上げます。
総務部
町田　宏

件名： **会議URL送付忘れのお詫び**

みどり健康食品有限公司
王総経理

本日午前中にお送りしたオンライン会議の通知に会議のURLを添付するのを失念してしまいましたので、このメールに添付いたします。申し訳ございませんでした。
https://web.zoom.us/j/12345

何かございましたら、お気軽にご連絡ください。

産経総合出版社　横山

🗨 中国ビジネスの豆知識！

もともと形式的な書式が少ない中国人とのやり取りですが、このような丁寧な謝罪メールもほとんどありません。軽くお詫びの気持ちを伝えるだけで十分です。

⊕ ここがポイント！

失礼を詫びるときに便利な表現は"恳请您原谅我的失礼"「失礼をお許しください」と"望见谅"「失礼しました」などがあります。
特にケース2の場合、お詫びのコメントより情報を正しく伝えることが大事ですので、件名では要件を分かりやすく記載しましょう。

☒

标题： **致歉**

李明德 部长

刚才发送的邮件中，我把您的名字不小心写错了，非常抱歉！恳请您原谅我的失礼！
总务部
町田宏

☒

标题： **会议URL**

绿色健康食品有限公司
王总：

真对不起！上午给您发送的网络会议通知中忘记添加会议URL了，现在补上，望见谅！
https://web.zoom.us/j/12345

如有疑问，请随时联系。

产经综合出版社　横山

単語 Vocabulary

□**不小心** bù xiǎoxīn ／不注意にも　　□**原谅** yuánliàng ／許す
□**失礼** shīlǐ ／礼を失する

040 書類の不備を謝罪する

定型表現 因我们确认不周，给您工作添麻烦了，十分抱歉。

私どもの確認が足りず、ご迷惑をおかけしました。申し訳ございません。

件名： **販売報告書の再送**

林　主任

お疲れ様です。
三月の販売報告書ですが、先ほどお送りした表の中で数字の誤りがありました。修正した最新版をお送り致します。ご査収下さい。

誤りの原因は「3月発売の新モデルを含まない」とのご要望を「3月発売の新モデルを含む」と見間違え、集計担当者に誤った伝達をしてしまったためです。

このたびはこちらの確認不足でご迷惑をおかけしました。申し訳ございません。今後はより一層事前のチェックを行いたいと思います。お許し頂ければ幸いです。

販売部
三田

💬 中国ビジネスの豆知識！

中国人は謝らないという先入観があるかもしれませんが、実際はきちんと謝る中国人も多いです。ただ、どの程度で謝るべきかの認識が日本人とは違うかもしれません。また、中国人は謝罪だけではなく実際に行動するかどうかを重要視する傾向があります。

⊕ ここがポイント！

他にも謝罪の表現は"深表歉意"「深くお詫び申し上げます。」"实在抱歉"「本当に申し訳ございません。」、"希望您谅解"「お許し頂ければ幸いです。」などがあります。

✕

标题： **更正后的销售报表**

林主任

您好！
关于三月的销售报表，刚刚发送的表格中数字有误，现呈上更正后的最新版，请注意查收。

错误原因在于我们把您要求的"不包括3月上市新款"看成了"包括3月上市新款"，因此向统计人员进行了错误的传达。

这次因我们确认不周，给您工作添麻烦了，十分抱歉。今后我们一定会加倍做好事先检查工作。望您谅解！

销售部
三田

単語 Vocabulary

□**销售报表** xiāoshòu bàobiǎo ／ 売上報告書
□**统计人员** tǒngjì rényuán ／ 集計担当者

□**表格** biǎogé ／ 表、テーブル
□**谅解** liàngjiě ／ 了解する、察する

041 納品の遅れを謝罪する

定型表現 对此次到货延迟深感歉意。
商品の到着が遅れてしまい、誠に申し訳ございません。

☒

件名： **商品到着遅れに関するお詫び**

王　兵　様

平素よりご愛顧いただき、心より感謝申し上げます。
メールをいただき、直ちに商品と注文書について、確認させていただきました。
貴社よりご注文いただきました当日に発送しましたが、配送の段階で遅延が生じたようです。また配送業者より当方に連絡を頂くこともなかったようです。
すでに配送会社に明日直ちに商品の発送をするようにお願いしており、二日後には商品がお手元に届くかと思います。
今後はより一層発送の確認作業を強化し、再発防止に努めて参ります。
このたびは商品の到着が遅れてしまい、誠に申し訳ございませんでした。
メールにて恐縮ですが、とり急ぎご報告とお詫びを申し上げます。
今後とも変わらぬお引き立てのほど、よろしくお願い申し上げます。

青川スーツ株式会社
物流部　船木　清

🗨 中国ビジネスの豆知識！

中国の宅配便市場は競争がとても激しく、全体的には業務量も売り上げも右肩上がりで伸びていますが、低価格競争から脱却するのが難しい状況です。どの業者もスピードを追い求めていますが、配達をリアルタイムに確認ができる業者を選ぶことをお勧めします。

⊕ ここがポイント！

納期の遅れを謝罪する際にはことの経緯を説明する必要があります。そして再発防止策を伝えることで信頼回復を図ります。件名にある"函"は改まった場面でよく使われています。

✕

标题： **商品到货延迟道歉函**

王兵先生：

您好！

收到您的反映后，我们立即对商品和订单进行了查询。

我方在您订货当天就已发出商品，但快递环节出现了滞留，且一直未通知我方。我方已要求该快递公司明日立刻发送商品，预计两天后将交到您的手上。

对于此次到货延迟，我们深感歉意。

今后我们将进一步加强发货确认工作，以防此类事情再次发生。

先函致歉，幸恕不周。

望今后也一如既往地给以关照和支持。

青川西服株式会社
物流部　船木清

単語 Vocabulary

☐**函** hán ／手紙、書簡
☐**西服** xīfú ／スーツ
☐**滞留** zhìliú ／止まる、滞在する

☐**一如既往** yīrújìwǎng ／これまで通りに
☐**环节** huánjié ／ポイント、部分
☐**手上** shǒu shàng ／手元

042 商品の数量違い・品違いを謝罪する

定型表現 对于此次的工作失误，我方深感歉意。
今回の当社書類の不備に対して、深くお詫び申し上げます。

×

件名： **請求書の再発行とお詫び**

庄司オフィスファシリティ株式会社
経理部
前原　春菜　様

お世話になっております。
4月25日に貴社よりメールをいただき、当社は直ちに確認作業を行った結果、確かに当方の誤りであることがわかりました。貴社のご指摘は正しく、間違いはありません。以下の価格にて新しい請求書を発行いたします。

１．Bluetooth マウス型番ckd-2@28.4元
２．Bluetooth スピーカー型番38EO@485元

今回の当社書類の不備に対して、深くお詫び申し上げます。また引き続きご愛顧いただけますよう、今後ともよろしくお願い申し上げます。

ブルートゥースファシリティ有限公司
安　菲亜

📑 **中国ビジネスの豆知識！**

中国人同士のやり取りでは、よほどのことがない限り、お詫びの気持ちを本文の中で伝えれば十分です。

⊕ ここがポイント！

数量の違いや品違いなどの謝罪では、正しい金額や品名を再度記載して確認することが重要です。謝罪の言葉とともに、今後も取引をして頂きたい気持ちを"今后恳请继续关照"「今後とも引き続きよろしくお願いします。」などで表現します。

标题： **付款通知单已更正**

庄司办公设备株式会社
会计部
前原春菜小姐：

接贵公司4月25日来函后，我公司立即对此进行复核，经认真核查发现的确是我方差错，贵公司的计算准确无误。现按下列单价开具新的付款通知单，请查收。

1.蓝牙鼠标型号ckd-2单价28.4元
2.蓝牙扬声器型号38EO单价485元

对于此次的工作失误，我方深表歉意，希望贵公司谅解。今后恳请继续关照。

蓝牙设备有限公司
安菲亚

単語 Vocabulary

□ **复核** fùhé ／ 再確認する
□ **差错** chācuò ／ ミス、間違え

□ **核查** héchá ／ 照合・審査をする
□ **的确** díquè ／ 確かに

043 請求書の紛失を謝罪する

定型表現 付款通知单不慎丢失，对此我们非常抱歉。
請求書を紛失し、申し訳ございませんでした。

×

件名： **請求書再発行のお願い**

広州日洋システムサービス有限公司
劉 泉 様

お世話になっております。
先日ご送付頂きました**9月分請求書**ですが、当社側で見当たらず、紛失の可能性がございます。誠に申し訳ございません。

つきましては大変恐縮ですが、請求書を再発行していただけませんでしょうか？
PDF版をメールにてご送付いただければ早急に支払手続をさせていただきます。
また当社の社内処理の関係上、請求書の原本も必要なため、追って原本も郵送して頂ければ幸いです。

当社側の原因によりご面倒をおかけすることになり、心よりお詫び申し上げます。

ご返信お待ちしております。

松本薬店経理部
松本　剛

⊕ **ここがポイント！**

請求書を紛失した場合には速やかにそのことを相手に伝え、再発行してもらうよう依頼します。"烦请贵方将付款通知书再次发送给我方"「お手数をおかけしますが、請求書の再発行をお願いします。」が便利な表現として使用できます。

☒

标题： **请您重新开具付款通知书**

广州日洋系统服务有限公司
刘泉 先生

您好！
关于您寄来的9月份付款通知单，公司现在查找不到，**有可能是不慎丢失，对此我们非常抱歉。**
能否请您重新开具一份付款通知单？

如果您先以PDF的形式发送给我，我可以在最短的时间内办理付款手续。
此后由于公司内部处理的需要，烦请您将原件再一次邮寄到本公司。

非常抱歉因本公司事由给您造成不必要的麻烦，希望能得到谅解。
恭候您的回音。

松本药店会计部
松本刚

単語 Vocabulary

☐**不慎** bù shèn ／ 不注意に
☐**丢失** diūshī ／ 紛失する
☐**回音** huíyīn ／ お返事

☐**办理** bànlǐ ／ 処理する、取り扱う
☐**恭候** gōnghòu ／ お待ちする

知的財産権、著作権に関する苦情を述べる

定型表現 贵公司的商品大大降低了本公司品牌的价值。

貴社の商品が当社のブランドの価値を著しく低下させています。

✕

件名： 類似品販売停止の申し入れ

優美メイキャップECサイト

貴社が近日発売した口紅のパッケージと、わが社が開発ならびに設計を行った売れ筋商品showmeシリーズについて、商品の見た目のみでなく仕上がりや色デザイン、パッケージなども非常に似ていることを当社営業担当者が発見いたしました。

法務担当者が両方を並べて比べたところ、全く判別がつかないほどでした。従いましてこれは当社の製品に似せて作った偽造品であり、当社のブランドの価値を著しく低下させていると判断しました。

このようなやり方は当社の信用と利益を深刻に損なうものであり、貴社がこれに対して厳正に対処するようお願いしたいと思います。また類似品が出回らないよう、速やかに有効な措置をお取り頂きたいと思います。なお、対処いただけない場合は、私どもは法的な手段をとってこの問題を解決せざるを得ません。

貴社が直ちに是正措置を講じていただくことを希望しております。

株式会社美容イノベーション
知識財産部
山下　厚

📧 **中国ビジネスの豆知識！**

実際に良くある事例ですが、必要になることがなければ良いですね。実際に発生してしまったらぜひ法律事務所に相談しましょう。

⊕ ここがポイント！

このようなメールはとても書きにくいものですが、毅然とした態度と落ち着いた表現で事実を伝えることで、相手にこちらの立場を分かってもらいたいところです。"希望贵公司能够立即改正。"「直ちに是正措置を講じて頂くことを希望しております。」等の表現が使用できます。件名も単純明快に主張を書いたほうが効果的です。

☒

标题：　**请立即停止侵权行为！**

优美化妆品网站:

最近我公司营业人员发现贵公司新近销售的化妆品口红与我公司设计并畅销的showme系列产品，不但在造型上，而且在做工、颜色设计、包装上都非常相似。

我公司法务人员为此做过比较，如果两者放在一起，根本无法辨认同异，因此我们认为这是一起仿造我公司产品的侵权事件，**贵公司的商品大大降低了本公司品牌的价值。**
这种做法严重损害了我公司的信誉和利益，因此我们希望贵公司能严肃对待此事，并尽快采取有效措施，制止类似的情况继续出现。否则，我们将不得不采取法律手段解决此事。

希望贵公司能够立即改正。

株式会社美容创新
知识产权部 山下厚

単語 Vocabulary

□**侵权行为** qīnquán xíngwéi ／ 権利侵害行為
□**设计** shèjì ／ デザイン
□**做工** zuògōng ／ 仕立て、出来上がり
□**仿造** fǎngzào ／ 偽造する
□**对待** duìdài ／ 応対する、対する

□**系列** xìliè ／ シリーズ
□**造型** zàoxíng ／ スタイル
□**辨认** biànrèn ／ 識別する
□**信誉** xìnyù ／ 信用

045 新規取引先にアポイントをとる

定型表現 不知能否安排事先沟通的时间？
打ち合わせのお時間をいただけますでしょうか。

件名：	日中通訳ご手配とお打合せのお願い

上海慧慧通訳サービス有限公司
李旭部長

お世話になります。
横三貿易株式会社の内田と申します。日中企業支援財団より紹介いただきメールさせていただいています。
6月1日から3日間に全行程同行可能な日中の通訳者1名の手配をお願いしたいと考えております。

現在の予定は以下の通りです。
5月30日：夜上海到着予定。
6月1日：終日上海、昼は中国企業と商談、夜はホテルで宴会。
6月2日：早朝出発で安徽に赴き現地企業を訪問。当日夜上海に戻る。
6月3日：未定（上海または上海周辺）

6月3日の予定が確定しましたらすぐにご連絡いたします。
ご確認の上、適任の通訳者がいらっしゃいましたら、5月31日14時より通訳者と事前の打ち合わせのお時間をいただけますでしょうか。

****

横三貿易株式会社
営業部 内田 健
神奈川県横浜市神奈川区鶴屋町12-34-567
Tel:+81-45-123-456 Fax:+81-45-123-457

🗐 中国ビジネスの豆知識！

通訳の場合、日本では経験重視で、業界共通の認定試験がありません。しかし、中国ではCATTI という国の認定試験があるため、資格を保持しているかどうかもよく聞かれます。また事前課題で適性をチェックされることあります。

⊕ ここがポイント！

初取引の相手にアポを取る際には、まず自己紹介、次に連絡に至った経緯、さらに初取引の概要を簡潔に要領よく述べます。

☒

标题：　**希望介绍日中口译人员**

上海慧慧翻译服务有限公司
李旭 部长：

您好！
我是横三贸易株式会社的内田。
经日中企业经营支援财团的介绍，冒昧致函。
在6月1日至3日之间需要一名全程陪同的日中翻译。

目前行程安排如下：
5月30日：晚上抵达上海。
6月1日：全天上海，白天与中国企业洽谈，晚上在酒店有晚宴。
6月2日：清早出发去安徽拜访当地企业，当晚返回上海。
6月3日：未定（上海或上海周边）

6月3日的行程一旦确定，我会及时联系贵公司。
另外，如果有合适的译员，**不知贵方能否在5月31日下午两点安排时间，让我和译员进行事先沟通？**

****
横三贸易株式会社
营业部 内田健
神奈川县横滨市神奈川区鹤屋町12-34-567
Tel:+81-45-123-456 Fax:+81-45-123-457

単語 Vocabulary

□**冒昧** màomèi ／ 僭越である　　　　□**抵达** dǐdá ／ 到着する
□**全程陪同** quánchéng péitóng ／ 全行程アテンド
□**行程** xíngchéng ／ スケジュール

046 2度目以降のアポイントをとる

定型表現 请告知贵公司下周能否安排接待。
貴社の方で来週ご対応可能かどうかお知らせいただけますでしょうか。

件名： **貴社ご訪問の件**

華神レアアース供給有限公司
副総経理
王田様

いつも多大なるご支援を賜り誠にありがとうございます。

現在中国国内でレアアース製品が逼迫している状況の中で、昨年同様当社に対して多くの種類のレアアース商品を供給する契約を締結していただき、心より感謝申し上げます。

新たな協力関係を展開するに際して、私どもの顧客であります東都電力株式会社の鈴木部長が5月10日に一週間の予定で貴社を訪問することを希望しております。

訪問の際には鈴木部長は貴社に対して昨年来の友好的な協力に感謝し、また今回の歴史的な意義を持つ契約調印に多大なる貢献をしてくださいました貴社の王建国総経理をはじめ、貴社の関係者の皆様に対して感謝の意を表したいと考えていらっしゃいます。

5月10日からの一週間の予定につきまして、貴社の方でご対応可能かどうかお知らせいただけますでしょうか。

どうぞよろしくお願い申し上げます。

三知産業株式会社
原料部
次長　小川孝一

フォーマル編

問合せ

見積り

注文

請求

クレーム

アポイントメント

社内

出張

イベント

通知

採用

⊕ ここがポイント!

2回目以降のアポを取る際のメールはこれまでの経緯を記載した上で、協力を
お願いする文面にします。
"期望尽快回复为盼!"「できるだけ早いご返信お待ちしています」などが使いや
すい表現です。

✕

标题： **关于拜访贵公司的事宜**

华神稀土供应有限公司
副总经理 王田先生:

首先感谢贵公司对我公司一直以来的关照和支持。

在中国国内稀土产品极其紧张的情况下，贵公司继续与我公司签订供
应多种稀土产品的合同，对此深表感谢。

在开展新的合作关系之际，我公司客户东都电力株式会社铃木部长希
望于5月10日那一周拜访贵公司。
届时，铃木部长将向贵公司继续与我方开展合作当面表示感谢，并对
贵公司王建国总经理以及相关人员为促成此次历史性合作所付出的努
力表达谢意。

**烦请告知贵公司能否在5月10日至17日之间予以接待。期望尽快回复为
盼！**

三知产业株式会社
原料部
次长　小川孝一

単語 Vocabulary

□**稀土** xītǔ ／ レアアース、希土類　　　□**拜访** bàifǎng ／ 訪問する
□**与** yǔ ／（書き言葉で）〜と（≒"跟"）　　□**告知** gàozhī ／ 知らせる
□**期望** qīwàng ／ 期待する

047 久しぶりにアポイントをとる

定型表現 希望能与您见面叙旧。
久しぶりにお会いし旧交を温めたいです。

件名： **北京訪問のご連絡**

順心堂医薬集団有限責任公司
董事長　杜思杭様

大変ご無沙汰しております。あっという間に時間が経ち、日本ではすでに盛夏の季節を迎えております。心からご挨拶申し上げます。
私は先日3年間のアメリカ勤務を終え、本社に戻ってまいりました。今後は会社全体の経営に携わりながら、医薬品と研究開発業務のマネジメントを受け持つことになります。引き続き杜様には多大なるご協力を賜りたいと思います。
杜様は大手グループ企業の董事長に就任されたばかりでなく、素晴らしい指導力を発揮し、医薬品の最先端薬剤の開発に力を注いでいらっしゃると伺いました。引き続き色々ご指導を賜りたいと考えております。
今年の10月に北京訪問を計画しております。久しぶりにお会いし旧交を温めたいと思い、また将来にわたる新たな協力の方向性をご相談したいと考えております。
訪問時期は、10月の上旬又は中旬と考えておりますが、ご都合はいかがでしょうか。ご承諾頂ければ幸いです。

薬円台製薬株式会社
代表取締役　専務執行役員
井上　優紀

📧 中国ビジネスの豆知識！

"董事長"は「代表取締役」、"总经理"は「社長」と訳されることも多いですが、中国の"公司法"と日本の会社法は異なるため、イコール関係とは言い切れません。そのため原文通りに「董事長」、「総経理」と表現する方が良いでしょう。相手に通じない場合には「日本で言う代表取締役に相当します」と説明を加えます。逆に日本の「代表取締役」なども同じ扱いをします。

フォーマル編

問合せ

見積り

注文

請求

クレーム

アポイントメント

社内

出張

イベント

通知

採用

🔍 ここがポイント！

久しぶりにアポを取るためのメールは近況の報告からスタートさせます。そして今後も協力体制を組んでいく必要性を述べます。

標題： **拜访函**

顺心堂医药集团有限责任公司
董事长　杜思杭先生：

久疏问候，日本已进入盛夏季节，谨致以夏日的问候。
我本人前不久结束了在美国三年的任职，回到了公司总部。
今后，我将负责公司的整体经营，并分管药剂和研发业务，今后还望得到您的大力支持为感。
据悉杜先生目前在担任大型企业集团董事长这一重要领导职务的同时，还专心致力于医药高端制剂开发。恳切希望今后能多多指教。
今年10月我计划访问北京，届时**希望能与您见面叙旧**，探讨未来新的合作方向。
访问日期现考虑10月上旬或中旬，不知哪一个时间对您最合适？
如蒙应允，荣幸之至！

药园台制药株式会社
代表取缔役 专务执行役员
井上优纪

単語 Vocabulary

□**董事长** dǒngshì zhǎng ／代表取締役
□**久疏问候** jiǔ shū wènhòu ／ご無沙汰しております
□**如蒙应允** rú méng yīngyǔn ／承諾を得られるなら
□**荣幸之至** róngxìng zhī zhì ／光栄の至りです
□**见面叙旧** jiànmiàn xùjiù ／お会いして旧交を温め

□**据悉** jùxī ／聞くところによると

048 アポイントを承諾する

定型表現 当日我们可以安排接待。
ご提示いただきました日程でご対応可能です。

件名： **日程のご調整ありがとうございます。**

長江プラスチック製造有限公司　王部長

お世話になっております。
ご送付いただきました7月1日弊社見学の予定表を拝受いたしました。ご提示いただきました日程で受け入れ可能です。
計画表に基づいて以下の通り受け入れを手配いたします。
7月1日午前10時販売部部長の山下及び課長の米田がホテルまで出迎え
↓
午前11時 弊社到着
社長あいさつ、ランチ（当社食堂にて）、当社紹介動画の視聴、
各工場、機能エリア、各ワークショップの見学
生産及び品質管理部の責任者との意見交換
↓
17時 ホテル
↓
18時 懇親会（ホテルにて。社長及び関連部署責任者はいずれも出席予定）

以上のように手配いたしましたが、いかがでしょうか。何かご意見、ご提案がありましたら、お気軽にいつでもご連絡いただければ幸いです。

平岡自動車株式会社
水崎　浩二

⊕ ここがポイント！

アポを承諾し、受け入れ準備を開始します。"我们表示热烈欢迎！"「心より歓迎申し上げます。」の一文で気持ちを伝えます。
受け入れの準備では、一連の流れがわかりやすいように矢印を入れて表現しても良いところです。

✕

标题： **关于7月1日的接待流程**

长江塑料制造有限公司　王部长：

您好！
您发来的7月1日计划表已收悉，当日**我们可以安排接待。欢迎贵公司莅临参观指导！**
根据计划表，我方将安排如下接待流程：

7月1日上午10点　销售部山下部长和米田课长赴酒店迎接
↓
中午11点　抵达本公司
社长致辞、
午餐（公司食堂）、
观看宣传视频、
参观工厂功能区和各车间、
与生产部和品管部主要负责人座谈
↓
傍晚17点　酒店
↓
傍晚18点　晚宴（酒店。社长和相关部门负责人均出席）
以上安排如何？ 如有意见或建议，请随时告诉我们。

平冈汽车株式会社
水崎浩二

単語 Vocabulary

□**接待** jiēdài ／ 受け入れる、対応する　　□**流程** liúchéng ／ プロセス
□**莅临** lìlín ／ 来訪する、臨席する　　　□**迎接** yíngjiē ／ 迎える
□**致辞** zhìcí ／ 祝辞を述べる

049 オンライン会議を設定する

定型表現 詳細内容和链接如下：
詳細な内容とURLは以下の通りです。

件名：	オンライン会議の詳細とURL

陳鴻様　伊東美香様

来週月曜日（2月8日）以下の通りオンライン会議のURLをお伝えします。ご確認ください。
あなたはVooV Meetingへの参加を招待されました。

会議のテーマ：C社社員研修教育プログラムの事前打ち合わせ
主な議題：研修計画と顧客ニーズのすり合わせ
会議資料：計3件
１．貴社2月4日ご提出の最新研修計画（すでにお客様に転送済み）
２．オンライン会議参加者一覧表（添付ファイルをご覧ください）
３．C社で研修参加予定の従業員に関する概要（先週すでに貴社宛てに転送済み）

以下のリンクをクリックし会議室にご参加ください。または添付の会議のIDからご参加ください。
https://voovmeeting.com/s/evhnWLqJain9
ミーティング ID：233 494 494
ミーティングパスワード：384745
何かご質問がありましたら、お気軽にご連絡ください。

青山コンサルティングファーム
山田　聡

🗨 中国ビジネスの豆知識！

中国ではZoomと同じような会議システムがあります。Voov　meeting（テンセントミーティングとも呼ばれています）が使用されることが多いです。

フォーマル編

問合せ

見積り

注文

請求

クレーム

アポイントメント

社内

出張

イベント

通知

採用

⊕ ここがポイント!

最近増えてきたオンライン会議を連絡するメールでは会議IDやパスワードはもちろん、会議のテーマや議題、参加者、時間および流れなどを箇条書きで表現するとわかりやすいでしょう。資料があれば、それも箇条書きで整理します。

標題： **2月8日视频会议安排及内容** ☒

陈鸿先生，伊东小姐两位好！

关于下周一(2月8日)的视频会议，**详细内容和链接如下。**
邀请您参加VooV Meeting

会议主题：C公司的员工教育培训课程的事前沟通
主要议题：培训计划与客户需求的契合度
会议资料：共三件

　　　　　1，贵公司2月4日提交的最新培训计划(已转发给客户)
　　　　　2，视频会议参加人员名单(请见附件)
　　　　　3，C公司计划安排培训的员工概要(上周已转发给贵公司)

点击链接入会，或添加至会议列表：
https://voovmeeting.com/s/evhnWLqJain9
会议 ID：233 494 494
会议密码：384745
以上如有疑问，请随时联系。

青山咨询公司
山田聪

単語 Vocabulary

□**两位好！** Liǎng wèi hǎo! ／ (2名に対して)こんにちは！
□**视频会议** shìpín huìyì ／ ビデオ会議　　　□**网址** wǎngzhǐ ／ URL、ページアドレス
□**契合度** qìhé dù ／ (考えや気持ちの)一致度、符合度
□**附件** fùjiàn ／ 添付ファイル　　　　　　　□**点击** diǎnjī ／ クリックする
□**链接** liànjiē ／ リンク　　　　　　　　　　□**添加** tiānjiā ／ 添付する、追加する

050 アポイントを断る

定型表現 此次错失良机，实感遗憾。
チャンスを逃し、大変残念です。

	✕

件名： **不在のお詫び**

上海映画製作公司
業務部部長　肖　様

お世話になっております。

メール拝受しました。残念ですが、5月24日の週は出張のため東京におりません。
ずっとお会いしたかったので、**チャンスを逃し、大変残念**です。
下半期は上海に出張の機会があるかと思いますので、その際には必ずお邪魔し、
ご訪問させていただきます。

西宝映画株式会社
菊池

📃 中国ビジネスの豆知識！

誘いを断る時、礼儀だけでなく、相手の顔を立てることを意識しましょう。「先約があるので」「事情があるので」という決まり文句ではなく、理由を丁寧に書いたり、残念な気持ちを表現することが効果的です。

フォーマル編

問合せ

見積り

注文

請求

クレーム

アポイントメント

社内

出張

イベント

通知

採用

⊕ ここがポイント！

アポを断る時にはやむを得ない事情を説明し、残念である気持ちを伝え、次のチャンスにつなげるような提案ができればいいです。本文で気持ちをきちんと伝えることができれば、件名は特にこだわることなく、「Re:」などそのまま返事してもかまいません。

✕

标题： **改日拜访**

上海影视制作公司
业务部
肖部长：

您好！

谢谢您的邮件，但不巧的是，5月24日那一周我因为出差不在东京。
我一直期待与您见面，**但此次错失良机，实感遗憾。**
下半年我可能会有去上海出差的机会，到时一定登门造访。

西宝映画株式会社
菊池

単語 Vocabulary

□**遗憾** yíhàn ／ 残念な
□**不巧** bù qiǎo ／ あいにく
□**出差** chūchāi ／ 出張する
□**良机** liángjī ／ 好機

定型表現 能否将日程做如下变更?
下記の日程に変更いただけないでしょうか。

✕

| 件名： | **ご訪問日程の変更について（お詫び）** |

北京太陽塑料有限公司
総経理　楊強 様

大変お世話になっております。
プラスチックマテリアル株式会社の五十嵐でございます。
6月5日に貴社へのご訪問を予定しておりましたが、
弊社社長の西木の日程に変更が生じたため、
お約束していたお時間に貴社を訪問することができなくなってしまいました。
心よりお詫び申し上げます。

可能であれば、**下記の日程に変更いただけないでしょうか。**
以下の時間帯でしたら、確実にご訪問することが可能です。
6月6日（水）午前10時～12時
6月8日（金）午前10時～12時または午後3時～5時
弊社の都合によりお約束した時間の変更をお願いすることになり、大変申し訳
ございません。
日程の調整をお願いできれば幸いです。
どうぞよろしくお願い申し上げます。

プラスチックマテリアル株式会社
五十嵐　聖子

問合せ 見積り 注文 請求 クレーム アポイントメント 社内 出張 イベント 通知 採用

⊕ ここがポイント！

アポを変更する必要が出てきた時にはその理由をきちんと述べ、相手の都合を伺います。できれば、選択できるように2、3の日程を提示出来ると良いでしょう。"如能调整，我们将不胜感激！"「日程調整が出来るなら大変うれしいです」などの表現が使用できます。

標題：　**关于日程变更事宜**

北京太阳塑料有限公司
杨强总经理:

您好。
我是塑料材料株式会社的五十岚。
原本预定6月5日访问贵公司，
但因我公司社长西木的行程有所变动，无法如期拜访，
在此表示诚挚的歉意。

如果可能的话能否将日程做如下变更?
以下是我方可以确保的时间。
6月6日（周三）AM10：00～12：00
6月8日（周五）AM10：00～12：00或PM3：00～5：00
非常抱歉，这次因我方的原因擅自提出了更改日程的要求，
如能调整，我们将不胜感激！

塑料材料株式会社
五十岚圣子

単語 Vocabulary

□**变更** biàngēng ／変更する
□**擅自** shànzì ／勝手に、みだりに
□**不胜感激** bù shèng gǎnjī ／感謝にたえない
□**确保** quèbǎo ／確保する
□**诚挚** chéngzhì ／誠実な、心からの

052 訪問後のフォローメール

定型表現 在各位的协助和关心下，取得了预期的成果。
皆さまのご協力のもと、所期の目的を達成することができました。

件名： **大連訪問の御礼**

大連福九有限公司
朱宏 様

いつもお世話になりありがとうございます。
弊社一行は7月20日の午後無事に東京に戻りました。大連訪問の折には、朱様のきめ細かいアレンジを賜り大変感謝申しあげます。
各方面との連絡をしていただきましたおかげで、商務部の王局長にもお会いする機会があり、大変光栄でした。
また紅星、美菱などの機械工場の見学も手配していただき、大連の関連工場の実情についてさらに理解を深めることができました。
弊社が大連におけるMX-Cシリーズ製品の生産工場の選定も大きく進展しました。
今回の訪問は短い期間でしたが、皆様の協力のもと、所期の目的を達成することができました。
MX-Cシリーズの生産についてはこれからも幾度となく確認事項等が出てくることになるかと思いますが、貴社におかれましてはご協力、ご支持を賜れば幸いです。
きめ細かいご手配に重ねて心よりお礼申し上げます。

東洋金属株式会社
山本隆一

📝 中国ビジネスの豆知識！

中国では、企業ないし産業自体の発展は政策立案や執行に大きく左右されることがあります。ビジネス成功の為にも、関連機関との人脈作りも大事にしていきたいですね。

フォーマル編

問合せ

見積り

注文

請求

クレーム

アポイントメント

社内

出張

イベント

通知

採用

⊕ ここがポイント！

訪問から帰国した後にお世話になった相手へのお礼メールを出すことは、かなりの頻度で必要になってきます。無事に到着したこと、世話になったこと、実りがあったことを伝えます。最後にもう一度お礼を言う表現は"再次对您的周到安排表示感谢！"「きめ細かいご配慮に重ねて心よりお礼申し上げます。」などが便利です。

标题： **大连之行感谢函**

大连福九有限公司
朱宏先生：

您好！
我们一行已于7月20日下午平安抵达东京。
非常感谢在大连拜访期间您给予的周到安排！

多亏您的多方联系，这次能有机会拜访商务局王局长，我们深感荣幸。
而且还安排参观了红星、美菱等机械工厂，让我们对大连相关工厂的实际情况有了感性认识。
使得我们在大连寻找合作厂商生产MX-C系列产品的事宜，有了实质性的进展。

此次访问时间虽短，但是在各位的协助和关心下，取得了预期的成果。
有关MX-C 系列的生产事宜，今后还会有诸多事项需要进一步确认，还望贵公司继续给予支持和配合。

再次对您的周到安排表示感谢！

东洋金属株式会社
山本隆一

単語 Vocabulary

□虽~, 但... Suī ~, dàn... ／ ～だが、…
□周到安排 zhōudào ānpái ／ 周到な手配
□寻找 xúnzhǎo ／ 探す
□诸多 zhūduō ／ 様々な

□给予 jǐyǔ ／ 与える
□多亏 duōkuī ／ ～のおかげで
□预期的 yùqí de ／ 所期の

053 作業を依頼する

定型表現 还需要各位提供更多数据或资料。

皆様から追加データや資料の提供をお願いします。

件名： **出張時の業務引継ぎについて**

各位：

アメリカラスベガスの国際IT博覧会参加のため、一週間不在とします。
具体的な日程は次の通りです。
2月17日：上海－サンフランシスコ
2月18日～23日：ラスベガス国際IT博覧会
2月24日　サンフランシスコ－上海

出張期間中、本木さんが私の通常業務と渉外業務を代行します。
連絡先は以下の通りです。
メールアドレス：123@456.com
携帯電話：123456789

今回の博覧会の準備業務において皆様には残業など多大なご協力をいただきまして、心より感謝いたします。
展示会参加期間中には顧客との商談およびプレゼンを行うため、**皆様からさらなるデータや資料の提供をお願いする可能性があります**。皆様どうぞ携帯の電源をONにして、常にメールを確認するなど、積極的なご協力をいただければ幸いです。
よろしくお願いします。

盛名産業集団
総裁　林娜

🔍 ここがポイント！

作業を依頼する場合にはその作業の重要性を伝える必要があります。また全体の流れが分かるように作業に関わるプロジェクトの詳細を説明する必要があります。"积极予以配合。"「積極的にご協力頂ければ幸いです」などが便利な表現です。

☒

标题： **关于出差期间的业务交接**

各位：

因去美国参加拉斯韦加斯国际IT博览会，我将有一周时间不在公司。
具体日程安排如下：
2月17日 上海-旧金山
2月18日~23日 拉斯维加斯国际IT博览会
2月24日 旧金山-上海

我出差期间，由本木先生代理我的日常工作和对外业务。
联系方式如下：
邮箱：123@456.com
手机：123456789

本次博览会的准备工作得到了大家加班加点的大力配合，在此深表感谢！
参展期间安排了客户洽谈与商品演示，**届时可能还需要各位提供更多数据或资料。**
请大家保持手机畅通，及时查看邮件，积极予以配合。
辛苦大家了！谢谢！

盛名产业集团
总裁　林娜

単語 Vocabulary

□旧金山 Jiùjīnshān ／ サンフランシスコ
□演示 yǎnshì ／ プレゼンテーション
□资料 zīliào ／ 資料
□总裁 zǒngcái ／ 総裁

□洽谈 qiàtán ／ 商談
□数据 shùjù ／ データ
□畅通 chàngtōng ／ 滞りなく通じる

定型表現 有一件事想麻烦你。
一つお願いしたいことがあります。

件名：　**レポート照合作業のサポートのお願い**

李様

一つお願いしたいことがあります。月末までに第三四半期の各支社の販売報告を提出する必要があります。しかしながらご存知の通り今、雅雲公司との新しいプロジェクトの商談が山場を迎え、本当に時間が取れません。

もしお時間が取れるようでしたら、まとめ、照合作業を手伝っていただけませんでしょうか。元データと報告書の様式はこちらから提供します。次回、折を見てご馳走させてください。

でも決して無理をしないでくださいね。もし難しい場合は他の人に聞いてみたり、直接部長に相談してみますので。
返信お待ちしています。

秋田

📝 **中国ビジネスの豆知識！**

中国では任された仕事を他人に手伝ってもらうことは少ないと考えた方が良さそうです。自分のメンツに関わるので、なんとしても自力で完成させたいはずです。

フォーマル編

問合せ

見積り

注文

請求

クレーム

アポ

依頼・報告・相談

出張

イベント

通知

採用

⊕ ここがポイント!

同僚に相談やお願いをするメールを書く場合、単刀直入に直接本題から書き出せば良いでしょう。しかし、あくまでお願いベースの場合には無理強いは出来ません。そこで "如果您感到不方便，也不必勉强。"「もし不都合なら決して無理せずに」という表現を使いましょう。

标题：　**关于核对报表的工作请求**

小李

有一件事想麻烦你。 我需要在月底之前提交各家分公司的三季度销售报表。但是你知道我目前负责的雅云公司新项目的洽谈处于最关键时期，实在分身无术。

你如果有时间的话，能否帮我汇总核对一下销售报表，我将原始数据和报告的格式提供给你。下次我找机会请你美餐一顿。

如果你感到不方便，也不必勉强。我会再问问其他人或直接找部长商量。盼回复。

秋田

単語 Vocabulary

□**销售报表** xiāoshòu bàobiǎo ／ 売上報告書
□**不必** búbì ／ ～する必要はない
□**关键时期** guānjiàn shíqī ／山場、肝心な時期
□**分身无术** fēnshēn wú shù ／ 時間が取れない、手が離せない
□**汇总** huìzǒng ／ まとめる
□**格式** géshì ／ 様式

□**分公司** fēn gōngsī ／ 支社、支局
□**勉强** miǎnqiǎng ／ 無理をする

□**核对** héduì ／ 照合する
□**美餐** měicān ／ ごちそう

055

上司に相談する・助けを求める

定型表現 能否请部长带我们一起到两家百货店道歉。
部長と一緒に両百貨店へ謝罪に伺うことは可能でしょうか。

件名： ご報告・お詫びとご同行のお願い

鈴木部長
お疲れ様です。一つ報告があります。昨日当部署が百貨店にお弁当を届ける際に発送ミスがありました。発生の状況は次の通りです。
小谷百貨店より松花堂弁当100個の注文が、銀座百貨店より幕の内弁当200個の注文がありました。
配送課が誤って100個の幕の内弁当を小谷百貨店に配達してしまったので、小谷百貨店と銀座百貨店の双方にご注文の弁当を届けられず、先方に多大なご迷惑をおかけしました。
初期の調査によると、ミスの原因は担当者が当日病欠で休暇を取得したため、ダブルチェックを怠ったということです。
配送課課長として、すでに発生直後に双方の百貨店に謝罪をしておりますが、問題の影響が大きいため、できるだけ早く怒りを鎮めて頂くために、部長と一緒に両百貨店へ謝罪に伺うことは可能でしょうか。
時間は以下のように調整いたしました。
8月19日（火曜日）午後1時 小谷百貨店　3時 銀座百貨店

当課では原因を調査し、同様のミスが二度と再発しないようにしたいと思います。今後はこれを教訓とし、決してご迷惑をかけないようにしたいと考えております。

配送課課長　韓春

フォーマル編

問合せ

見積り

注文

請求

クレーム

アポ

依頼・報告・相談

出張

イベント

通知

採用

⊕ ここがポイント！

上司にミスを報告し、謝罪同行をお願いするメールです。まずは単刀直入にどのようなミスをしてしまったのか、わかりやすく報告します。そしてどのようなお願いなのかを伝えます。

	☒

标题： **关于工作失误的情况说明和请求**

铃木部长：

现在有一件事情需要向您汇报，昨天我部门在向百货店发送便当时犯了错误，大致经过如下：
小谷百货店订购松花堂便当100盒，
银座百货店订购幕内便当200盒。
配送课错将100盒幕内便当送至小谷百货店，导致小谷百货店和银座百货店双方均未能收到订购货品，给他们添了很多麻烦。

根据初始调查，差错原因在于担当人员当日临时请病假，没有做好双重检查。
作为配送课课长，我已经在事后第一时间向两家客户道歉。
但鉴于此事影响很大，能否请部长带我们一起去两家百货店道歉，以期尽早平息此事？
时间安排如下：
8月19日(周二)13点 小谷百货店　15点 银座百货店

我部门将继续查明原因，吸取教训，坚决杜绝类似事件的再次发生。
以后绝不再给您添麻烦。

配送课课长 韩春

単語 Vocabulary

□犯错误 fàn cuòwù ／ミスをする、間違いを起こす　　□便当 biàndāng ／弁当

□请病假 qǐng bìngjià ／病気休暇を取る　　□平息 píngxí ／怒りを静める

□双重检查 shuāngchóng jiǎnchá ／ダブルチェック

□鉴于～ jiànyú ／～に照らし合わせて、鑑みて　　□杜绝 dùjué ／根絶させる

179

056

発注先に相談する

定型表現	交货期可以比计划提前一天吗？ 予定より納期を1日早めることは可能でしょうか。

件名： **お茶飲料委託加工の件**

八州食品加工有限公司
李マネージャー

いつもお世話になっております。
弊社のAシリーズのお茶飲料の委託加工の件について、これまでにすでに双方間で何度も打ち合わせを重ね、7月1日に新製品を発売すると決定しました。
第一回委託加工量と納期については以下の通りです。
数量：10万本
納期：6月30日
納品場所：江蘇省浙江省地区における弊社の指定場所
費用：委託加工契約を参照

また、予定よりも納期を1日早めることは可能でしょうか。
今回弊社は新製品のテレビCMを7月1日より放送を予定しています。
新製品発売の宣伝に合わせるため、商品は必ず6月29日に弊社指定場所に届くよう、何卒よろしくお願いいたします。

明日香飲料株式会社
小田　茂

📑 **中国ビジネスの豆知識！**

変化の激しい中国では、決断や行動が遅いと、ビジネスチャンスを逃してしまう可能性があります。そのため、多くの企業は、大枠の目標設定をしてからすぐに実行に移し、走りながら軌道修正するようにしています。

フォーマル編

問合せ

見積り

注文

請求

クレーム

アポ

依頼・報告・相談

出張

イベント

通知

採用

⊕ ここがポイント！

発注先に相談する事項がある場合には、まず決定事項を確認します。その後に相談する内容を書き加えます。"诚望协助为盼。"「何卒ご協力よろしくお願い申し上げます。」などの表現が有用です。

☒

标题： **茶饮料委托加工事宜**

八州食品加工有限公司
李经理：

您好！
有关我司的A系列茶饮料委托加工事宜，前期我们已经彼此做了很多次沟通，现我司已决定7月1日新品上市。
第一次委托加工数量和交货期如下：
数量：10万瓶
交货期：6月30日
交货地点：江浙地区的本公司指定地点
费用：参见委托加工合同

另，交货期可以再提前一天吗?
此次我司的新品宣传电视广告将于7月1日开播。
为配合新品上市宣传，请务必确保商品在6月29日之前送到本公司指定地点，诚望协助为盼。

明日香饮料株式会社
小田茂

単語 Vocabulary

□**委托** wěituō ／委託する
□**开播** kāibō ／放送が開始される
□**上市** shàngshì ／新しく発売する
□**务必** wùbì ／必ず

057 期限を延ばしてもらう

定型表現 能否延期到〜?
〜まで期限を延ばしていただけないでしょうか。

件名： 調査報告書提出ご延長の件につきまして

静岡セラミックス株式会社
小林原夫部長

お疲れ様です。先週ご依頼をいただきました中国各地のファインセラミックス販売報告について，もともとの計画では4月末に完成し、提出する予定でした。しかしA地域で突発的な感染症流行が発生し、政府は一部ハイリスク地域への立ち入りを禁止し、封鎖を行っています。
調査地域はちょうどハイリスク地域に属しているため、誰もこの地域に立ち入ることができません。そのため市場調査業務も正常に行うことができない状況です。

大変申し訳ございませんが、現在の進捗状況では期日通りに調査報告書を提出することができません。5月上旬まで期限を延ばしていただけないでしょうか。
封鎖管理がいつ解除されるのか、現在まだ明確な情報がございません。
そのため、オンライン調査および第三者の機関に依頼する方法で未完成の部分の資料を補足する計画です。何とか5月上旬に調査報告書を完成させられるよう努力いたします。

このたびの遅延については心よりお詫び申し上げます。
ご理解いただけますと幸いです。

静岡セラミックス株式会社
北京駐在員事務所
趙東風

🗏 中国ビジネスの豆知識！

中国では時々政府による強い指示や禁止令がでて、予定通りに業務を完成させられないことがあります。どんな計画も少し余裕を以て立てておくとよいでしょう。

⊕ ここがポイント！

期限を延ばしてもらうためのメールは、やむを得ない理由を述べる必要があります。そして可能な代替案を加えます。最後に"希望能够都到您的理解。"「ご理解いただければ幸いです」との表現を加えると良いでしょう。

☒

标题： **关于调查报告延期事宜**

静冈瓷器株式会社
小林原夫部长

您好！
关于中国市场精密陶瓷的市场调查报告，原本计划4月底完成提交的。
但由于A地区突发疫情，政府对部分高风险地区人员实行了封闭管理。
调查地区正好属于高风险地区，所有人员都无法进入此地区。
相应的市场调查工作也无法正常开展。

非常抱歉！按目前的进度，可能无法按时提交报告了，能否延期到5月上旬？
封闭管理何时能解除，现在还没有明确的消息。
因此，我们打算采用网络调查和委托第三方公司等方式，将未完成的部分资料补充完成。
争取5月上旬能够完成调查报告。

对于此次延期，深表歉意！
希望能够得到您的理解。

静冈瓷器株式会社
北京办事处
赵东风

単語 Vocabulary

□**突发** tūfā ／突发する　　□**疫情** yìqíng ／疫病の発生・状况　　□**风险** fēngxiǎn ／リスク
□**市场调查工作** shìchǎng diàochá gōngzuò／市場調査の業務・仕事
□**办事处** bànshì chù ／駐在員事務所　　□**封闭** fēngbì ／封鎖、ロックダウン

定型表現 恳请贵方能及早告知有关情况。
できるだけ早く関連の状況をお知らせください。

件名： **新商品テスト販売の状況につきまして**

川崎技術株式会社
販売第二部
佐藤敏夫部長

昨年は1年を通じて貴社のご協力とご支援を賜り、感謝申し上げます。本年も引き続きお世話になります。どうぞよろしくお願いいたします。

今回メールをさせていただきましたのは、前回お願いしました弊社新製品「お掃除ロボット」テスト販売の状況についてです。本年度中にこの商品をできるだけ主力商品に育てたいと考えております。ほかの地域の代理店は既に弊社に返信をいただいておりますが、貴社のテスト販売の状況についてはまだご返信を頂いておりません。

貴社は弊社にとって主要な代理店であり、貴社のテスト販売の状況は私どもが市場の動向を把握するうえで極めて重要だと考えております。ご面倒をおかけしますができるだけ早く関連の状況をお知らせください。
以上ご協力よろしくお願い申し上げます。

美知AIロボ有限公司
マーケティング部
陳　優希

フォーマル編
問合せ
見積り
注文
請求
クレーム
アポ
依頼・報告・相談
出張
イベント
通知
採用

⊕ ここがポイント！

ストレートに催促しても問題ないですが、提出期限の理由と重要度を説明することが必要です。また、相手へのメリットも触れたほうが納得してもらいやすいでしょう。表現方法は、ウィンウィンを意識するとよいでしょう。

✕

标题：　**关于新产品的试销情况**

川崎技术株式会社
销售第二部
佐藤敏夫先生：

感谢贵公司在过去一年中所给予的支持和帮助。并请在新的一年里继续给予关照。

这次发邮件是旨在向贵公司询问我公司新产品"扫地机器人"的试销情况。我公司在新的一年中将把该产品作为我们的主力产品。其他地区的代销商已致函敝公司，但对贵地的试销情况，我们还所知甚少。

贵公司是我们的主要代销商，贵地的试销情况对我们掌握市场动向至关重要，**恳请贵方能及早告知有关情况。**
上述事宜，敬请配合。

美知人工智能机器人有限公司
市场部
陈优希

単語 Vocabulary

□**试销** shìxiāo ／ テスト販売、テストマーケティング
□**代销商** dàixiāo shāng ／ 代理店、エージェント
□**机器人** jīqìrén ／ ロボット
□**人工智能** réngōng zhìnéng ／ AI、人工知能

059 自発的にサポートを申し出る

定型表現 我愿协助您开拓中国市场。
中国市場開拓に協力したいと願っております。

件名： **A薬剤に関する協力について**

鈴木先生

先日北京でお会いできましたこと大変光栄に存じます。

鈴木先生が開発したA薬剤は日本で既に大成功を収めていらっしゃいますが、中国市場を開拓するお気持ちはございませんでしょうか？
中国でも多くの患者が首を長くしてA薬剤を使うことを待ち望んでいます。しかもその患者数は日本の10倍おりますので、A薬剤のような薬が中国市場に入れば、多くの患者に福音をもたらすばかりでなく、鈴木先生の中国での事業も必ずや大成功するでしょう。

私が長年培ってきた研究のリソースと販路のリソース、さらには政府における人脈を生かすことで、鈴木先生の中国市場開拓に協力したいと願っております。

以上じっくり時間をかけてご検討いただき、ご返信をいただければと思います。
ご健康をお祈りしております。

田力拝

中国ビジネスの豆知識！

このような自発的にサポートを申し出るケースはよく見られます。相互に助け合うことで、ビジネスを行うのは中国流といえるでしょう。

自発的にサポートを申し出るメールを書く時にはどのようなサポートが可能で、相手にどのようなメリットがあるのかを明記します。そしてあくまでも決定権は相手にあることを"以上意向请您费时斟酌，盼给予答复。"「以上じっくり時間をかけてご検討いただき、ご返信をいただければと思います。」などの表現で伝えます。

标题： **关于A药品的合作事宜**

尊敬的铃木先生：

您好！

日前我能在北京与您见面，深感荣幸之至。

您开发的A药剂已经在日本市场获得巨大的成功。不知您是否有意开拓中国市场呢？在中国也有很多患者在翘首以待类似A药剂的产品，而且患者数量是日本的10倍之多。
我相信A药剂进入中国市场，不仅能为广大的中国患者带来福音，也一定能助力您在中国成就宏大事业。

我愿凭借自己多年积累的科研资源、市场渠道资源和政府人脉，**协助您开拓中国市场**。

以上意向请铃木先生费时斟酌，盼给予答复。
顺颂安康！

田力即上

単語 Vocabulary

□**荣幸** róngxìng ／ 光栄である
□**福音** fúyīn ／ 福音、メリット
□**积累** jīlěi ／ 蓄積する
□**费时** fèishí ／ 時間をかけて

□**翘首以待** qiáoshǒu yǐ dài ／ 首を長くして待っている
　□**宏大** hóngdà ／ 大きな
　□**渠道** qúdào ／ ルート
　□**斟酌** zhēnzhuó ／ 考慮する、考える

悪いニュースを伝える

定型表現 发现〜，我们非常抱歉！
〜が判明しました。心よりお詫び申し上げます。

件名：	**タブレット端末破損の件**

紀伊株式会社
関連事業部
坂本　敦　様

お世話になっております。
先月貴社からタブレット端末3台をお借りし、今月10日に返却する予定となっておりました。しかし返却する前に検査をしたところ、そのうちの一台に液晶ディスプレイが破損し、正常に表示できないことが判明しました。
すぐにメーカーに連絡を取りましたが、修理にはかなりの時間を要するとのことでした。また修理後も完全に元の品質を保証することは不可能であるとの回答を頂いております。心よりお詫び申し上げます。

当社は実費で弁償するか、または同じ型式のタブレット端末を改めて1台購入し、弁済したいと考えます。どの方法が良いか、ご返信いただければと思います。

このたびは弊社の管理不行き届きよりタブレット端末の破損をもたらし、心よりお詫び申し上げます。ご返信お待ちしております。

大宝ヒューマンリソース渉外部
金　秋

フォーマル編

問合せ

見積り

注文

請求

クレーム

アポ

依頼・報告・相談

出張

イベント

通知

採用

⊕ ここがポイント！

悪いニュースを伝える場合、やはり単刀直入に事実を伝えます。続けて、解決策を提案することが重要です。

⊠

标题： **平板电脑处理事宜**

纪伊株式会社
相关业务部
坂本敦先生：

您好！
本公司于上个月借用贵公司的平板电脑3台，计划于本月10日返还。在返还前进行检查时，**发现其中一台发生出现碎屏，无法正常显示。**
我公司立即联系厂家，但被告知修理时间很长，且也不能完全保证原有质量。
这次因为我方保管不善而导致电脑损坏，**我们非常抱歉！**

本公司愿照价赔偿或重新购置一台同类型平板予以返还，希望贵方告知哪一种方式更加妥当。

望回复为盼。

大宝人事资源涉外部
金秋

単語 Vocabulary

□**平板电脑** píngbǎn diànnǎo ／ タブレット
□**碎屏** suì píng ／ 液晶が破損する
□**照价** zhào jià ／ 元の値段のとおりに

□**返还** fǎnhuán ／ 返却
□**厂家** chǎngjiā ／ メーカー
□**显示** xiǎnshì ／ 表示する

061 よいニュースを伝える

定型表現 我们非常高兴地告诉您一个好消息。
このニュースを報告することができてとても嬉しいです。

	✕

件名： 「無人コンビニエンスストア」進捗報告

クラウドフライ科学技術有限公司
総経理
郭明志様

平素より大変お世話になり、感謝申し上げます。

貴社と共同で開発している「無人コンビニエンスストア」がすでに大分県大分市で運営を開始しております。今のところ運営状態は良好で多くのメディアの注目を集めるところとなっております。

また、6月28日に弊社は「ホームビジネスチェーンスーパー」から100店舗の「無人コンビニエンスストア」のオーダーを受注いたしました。受注総額は10億円になると見込まれています。
このニュースを報告することができてとても嬉しいです。

今後2年間、貴社とともに協力をして、それぞれの地域と規格に適した「無人コンビニエンスストア」を継続して開発して参りたいと考えております。引き続きご支援ご協力を賜りたくお願い申し上げます。

CEEグループ株式会社
モバイル技術開発部 宮崎 穣司

🗨 **中国ビジネスの豆知識！**

中国はまだ人口ボーナスがあるように見えますが、急速な少子高齢化への危機感があります。今後も人材不足を補うための技術を活用する分野では商機がたくさんあると思います。

フォーマル編

問合せ

見積り

注文

請求

クレーム

アポ

依頼・報告・相談

出張

イベント

通知

採用

⊕ ここがポイント！

中国語は日本語よりも"！"を多用します。例えば"你好！"やここで出てくる"顺利获得订单！""「オーダーを受注しました！」など特に良いニュースの時には積極的に感情を表す"！"を使うとよいでしょう。

☒

标题： "无人便利店"进度报告

云飞科技有限公司
总经理
郭明志先生：

非常感谢您一直以来的合作与支持！

我司与贵公司共同开发的"无人便利店"日前已在日本九州大分市落地。目前运行良好，也收到了各大媒体的广泛关注。

此次，**我们非常高兴地告诉您一个好消息**：就在6月28日，我司顺利获得"家业连锁超市"100个无人便利店的订单！订单总额将达10亿日元。

今后两年，我司将与贵公司继续携手并进，陆续开发适应不同地区的、不同规格的"无人便利店"，
还请继续给予支持和关照。

CEE集团株式会社
移动技术开发部 宫崎穰司

単語 Vocabulary

□**便利店** biànlì diàn ／コンビニエンスストア
□**连锁** liánsuǒ ／チェーン
□**利润** lìrùn ／利益
□**专注** zhuānzhù ／注目する
□**携手并进** xiéshǒu bìngjìn ／ 手を携え、ともに進む

□**进度** jìndù ／進捗
□**超市** chāoshì ／スーパー
□**媒体** méitǐ ／メディア
□**落地** luòdì ／（着地から転じて）運営開始

062 今時間がないことを詫びる

定型表現 我现在在外地出差，明天来不及去机场接您。
現在地方に出張に来ており、明日空港にお出迎えに
うかがえません。

×

件名： 　**明日の大阪ご訪問につきまして**

黄主管

お世話になっております。先ほどメールを拝受し、明日大阪にいらっしゃるとのこと承知いたしました。

大変申し訳ありませんが、**現在地方に出張に来ており、明日空港にお出迎えにうかがえません。**明日午後に大阪に戻る予定です。ご都合がよろしければ明日の夜食事でもご一緒して、旅の疲れを癒していただきたいと思います。いかがでしょうか？

先ほどお電話しましたが、通じませんでした。これから会議に入りますので、お電話でのやりとりが難しいです。メールにてご返信いただければ幸いです。よろしくお願いします。

西矢

フォーマル編

問合せ

見積り

注文

請求

クレーム

アポ

依頼・報告・相談

出張

イベント

通知

採用

⊕ ここがポイント！

今時間がないことを詫びる時の表現は定型表現以外にも、"正在电车里"「電車で移動中のため」や"要去开会"「会議に入るため」、"要坐飞机"「飛行機に搭乗するため」や"没法接电话"「電話に出られません」などがあります。

☒

标题： **关于黄主管大阪之行的安排事宜**

黄主管：

您好！刚刚收到您的邮件，得知您明天将到访大阪。

很抱歉！我现在在外地出差，明天来不及去机场接您。我明天下午返回大阪，如果您方便的话，晚上我们一起共进晚餐，为您接风洗尘，如何？

刚才我给您打了电话，没能接通，现在要去开会，不方便接打电话，烦请邮件回复。谢谢！

西矢

単語 Vocabulary

□**共进晚餐** gòng jìn wǎncān ／夕食を一緒に取る
□**接风洗尘** jiēfēng xǐchén ／旅の疲れを癒やす

定型表現 以下是我们昨日会议的会议记要。
会議で話し合った内容を以下のようにまとめております。

×

件名： **パッケージデザイン案に関する議事録**

Aさん、Bさん、Cさん

お世話になっております。
昨日のオンライン会議で話し合った内容を参考として、以下のようにまとめております。
お手数をおかけしますが、ご協議後の意見をフィードバックいただきますようお願いします。その内容を受けてデザインの見直しおよび追加を考えたいと思います。

トータル評価：
A案とB案は躍動感があります。
C案は斬新さがあり面白いですが、費用が高いです。

見直しが必要なところ：
1，カラーの変更は必要ですか？
2，コストカットの余地がありますか？

以上です。何か不明な点等ございましたらいつでもご連絡ください。

DEF　沈麗

フォーマル編

問合せ

見積り

注文

請求

クレーム

アポ

依頼・報告・相談

出張

イベント

通知

採用

⊕ ここがポイント！

中国では取引先とのやりとりが増え、ある程度慣れたら堅苦しい表現を避けることが多く、フレンドリーに簡潔に要点を伝えることが主流です。また、中国ではCCで送られたメールを自分とはあまり関係がないと認識されがちなので、スルーする人も多いです。そのため、重要な情報はCCで送らないほうがよいでしょう。

標題： **有关包装设计提案的会议纪要**

三位好！

以下是我们昨日在线会议讨论的会议纪要，供参考。
麻烦等你们内部商议后回馈意见，我们会再安排修改和延展设计。
多谢！
综合评价：
A和B设计跃动感好；
C很新颖，比较有意思，但成本较贵。

讨论点:
1．色彩是否需要改变?
2．成本是否有节省空间?

以上
任何问题请随时联系。

DEF 沈丽

単語 Vocabulary

□ **会议纪要** huìyì jìyào ／会議議事録
□ **新颖** xīnyǐng ／斬新さ
□ **成本** chéngběn ／コスト

定型表現 希速来电联系为盼。
できるだけ早く折り返しお電話いただければ幸いです。

件名： **折り返しのお電話のお願い（※至急。ドローン型おもちゃ製品に関するご協力について）**

徐様
お世話になっております。

何度もご連絡してしまい申し訳ございません。先ほどまでに2回お電話させていただきましたが、繋がりませんでした。
具体的な状況は以下の通りです。午前中、こちらに新規の顧客が来店し、貴社のドローン型おもちゃに興味を持たれていました。簡単な商品資料を差し上げましたが、さらに詳しいことについて質問をいただきました。例えば、

１．重さは米国の法律に適合しているかどうか。
２．センサーの精度を含む、より詳細な性能面のデータを提供可能か。
３．数量割引が可能か。

お客様は大変急いでおられ、条件が合えばすぐにでも仕入れたいそうです。
今回市内には土曜日まで滞在しているため、可能であれば、三社で面談の場を設けたいと思いますが、いかがでしょうか？

できるだけ早く折り返しお電話いただければ幸いです。本日夕方6時から7時以外は時間がありますので、よろしくお願いします。
ミライ商社
小山

💬 中国ビジネスの豆知識！

中国ではビジネスはスピードが優先されます。商機を逃がしたくないという意識が強いのですぐ行動に移そうとします。日本企業とはリズムが合わないことも多々あります。

フォーマル編

問合せ

見積り

注文

請求

クレーム

アポ

依頼・報告・相談

出張

イベント

通知

採用

⊕ ここがポイント！

中国ではメールよりも電話やWechatのほうが使用頻度が高いです。それはすぐに相手と連絡がとれるからです。したがって電話の折り返しをお願いすることのような連絡も多いので、しっかりマスターしておきましょう。

☒

标题： **烦请回电（急！关于玩具无人机产品未来合作事宜）**

徐先生：
您好！

真不好意思打扰您，我刚才给您打了两通电话没有打通。
具体情况是这样：我这里上午来了一位新的客户，他对你们的玩具无人机产品非常感兴趣，我给他提供了简单的商品资料，但他有一些具体问题想深入了解，比如：

1．重量是否符合美国法律？
2．可否提供传感器精准度等详细的性能数据？
3．能否提供数量折扣？

客户需求非常急，如果条件合适的话希望尽快进货。
他这次会在本市待到周六，如果有可能我想安排一次三方面谈的机会，
您看如何？

希速来电联系为盼。我今天除了傍晚6点至7点以外都有时间。
未来商社
小山

単語 Vocabulary

□**打扰** dǎrǎo ／邪魔をする　　□**传感器** chuángǎnqì ／センサー
□**折扣** zhékòu ／割引　　　　　□**无人机** wúrénjī ／ドローン

定型表現 请问贵方能否调整日程如下?
日程を下記に変更したいのですが、ご都合いかがでしょうか?

件名： **訪問日程ご調整のお願い**

大友銀行上海分行
叶新　様

平素よりお世話になり、お礼申し上げます。

4月23日の午前10時に貴社へご訪問し、提携カードの打ち合わせを行う予定でございますが、昨日上海に到着後、突発的な事情によりスケジュールを変更せざるを得ない状況となってしまいました。日程を下記に変更したいのですが、ご都合いかがでしょうか?

4月23日午後2時　または4月24日午前10時

直前に日程を変更し、誠に申し訳ございません。

もし調整が難しい場合は、改めて日程調整をしたいと思います。

返信お待ちしております。

万達クレジットカード
渉外部　黒羽　林太郎

イベント
通知
採用

⊕ ここがポイント！

急な日程変更は日本か中国かを問わず相手に迷惑をかけてしまいます。メールでの連絡だけでなく、電話などで丁寧に理由を説明した方が納得してもらいやすいでしょう。その際に"不得不改变行程"「日程を変更せざるを得ない」と表現することができます。相手にいくつかの選択肢を提示し、調整可能であることも明記したいところです。

标题： **关于临时改变日程的请求事宜**

大友银行上海分行
叶新小姐：

您好！

非常感谢您平素惠顾，我原来计划于4月23日上午十点拜访贵分行，讨论优惠卡项目。
但昨天抵达上海后，发生了一些突发情况导致不得不改变行程，请问**贵方能否调整日程如下?**
4月23日下午2点　或　4月24日上午10点
这次临时改变日程，实在万分抱歉！！
如果无法调整的话，我愿改日重新预约。
盼复。

万达信用卡
涉外部 黑羽林太郎

単語 Vocabulary

☐惠顾 huìgù／ご愛顧
☐改日 gǎirì ／後日

定型表現 不知能否请您提供参观工厂的机会？
工場見学の機会をいただくことはできますでしょうか。

×

件名：　工場見学お手配のお願い

洋光インスタントラーメン製造株式会社
対外業務部
方沢　様

いつも大変お世話になっております。大阪製麺株式会社経営企画部の黒崎です。
よろしくお願いいたします。

私どもの会社では現在中国に投資を行い、工場を建設し中国市場を開拓する計
画を立てております。貴社は中国で工場を建設して、すでに20数年の歴史を持ち、
生産や販売拠点を各地に広げられ、素晴らしい業績を上げていらっしゃいます。
弊社にとっては憧れの存在です。特に生産フロー、品質管理および人事管理の
面で大変興味があります。是非貴社を見学し、ご経験を学ばせていただきたい
と思っております。

6月から8月の期間で工場見学の機会をいただくことはできますでしょうか。当
方は各部署のキーパーソンを派遣し、見学させていただきたいと考えております。

ご協力に感謝申し上げます。
大阪製麺株式会社
経営企画部　部長　黒崎　光

⊕ ここがポイント！

会社・工場見学を打診する場合は、何を学びたいかをしっかりと伝える必要があります。"尤其是对A非常感兴趣，希望能前往贵地取经。"「特にAに大変興味があります。是非貴社を見学し、ご経験を学ばせて頂きたいと思っております。」などの表現を活用することができます。

標題： **参观工厂请求函**

洋光方便面制造株式会社
对外业务部　方泽先生

您好！
我是大阪制面株式会社经营企划部的黑崎，感谢您一直以来对我公司的大力支持。
我公司现在有意在中国投资办厂，开拓中国市场。
贵方在中国建厂已有二十余年的历史，生产销售网点遍布各地，我方对此非常仰慕，尤其是对生产流程、质量管理以及人事管理非常感兴趣，希望能前往贵地取经。
不知能否请您在6-8月之间提供参观工厂的机会？ 我方将派各部门领导亲赴贵地参观学习。
万分感激您的支持与配合！

大阪制面株式会社
经营企划部部长
黑崎 光

単語 Vocabulary

□**仰慕** yǎngmù ／敬服する　　　　　□**尤其** yóuqí ／特に
□**取经** qǔjīng ／（経典を取りに行くから転じて）学ぶ

出迎え・道案内をお願いする

定型表現 不知能否麻烦您安排人员来机场接机?
可能であればどなたか空港までお出迎えをお願いでき
ないでしょうか。

件名： **空港までのお出迎えのお願い（グローバル技術株式会社）**

高飛雲　様

お世話になっております。私は来週火曜日に貴社を訪問予定のグローバル技術株式会社技術部の佐々木匠でございます。

今回初めて貴地を訪問するため、知人もおらず、土地にも慣れておりません。中国語も上手ではありませんので、可能であればどなたか空港までお出迎えをお願いできないでしょうか。弊社からは計3名がお伺いいたします。

フライト情報は以下の通りです。

フライトナンバー：華美航空372便

到着予定時刻：8日AM10：20

到着予定空港：上海浦東国際空港T2ターミナルビル

佐々木の携帯番号：01234567890

お手配が可能でしたら、大変ありがたいです。

グローバル技術株式会社
佐々木　匠

💬 **中国ビジネスの豆知識！**

短期出張の場合、国際ローミングは便利ですが、長期赴任の場合は、中国キャリアのSIMに切り替えた方が割安になります。

⊕ ここがポイント！

出迎え・道案内をお願いする場合には、可能であれば理由を述べたいものです。
中国では相手にお願いをする場合、よほど難しい要件でない限りは、形式的な
書式ではなくフランクな表現で問題ありません。

标题： **关于环球技术公司访问接机的请求函** ✕

高飞云先生：
您好！
我是环球技术公司技术部的佐佐木匠，下周二计划访问贵公司。

因为是第一次访问贵地，人生地不熟，中文也不熟练，**不知能否麻烦
您安排人员来机场接机？** 我们一行共3人。

航班信息如下：
航班号：华美航空372航班
抵达时间：8日上午10：20
抵达机场：上海浦东国际机场T2航站楼
我的手机号：：01234567890

如能安排，我们将不胜感激！！

环球技术株式会社
佐佐木匠

単語 Vocabulary

□ **接机** jiējī ／空港出迎え
□ **航站楼** háng zhàn lóu ／ターミナルビル
□ **熟练** shúliàn ／慣れている、熟練した

×

件名： **ご来社について**

連雲港港湾物流有限公司
王潔 様

大変お世話になっております。
さて、9月27日午後2時に弊社にお越しいただけるとのこと、ありがとうございます。弊社からはコンシューマーサービス部部長の鈴木と担当の藤田がお待ちしております。
弊社のアクセスマップはURLリンクからご確認ください。
https//:○○○.com
※地下鉄でいらっしゃる場合、溜池山王駅が最寄の駅となり、A4番出口から徒歩5分です。具体的な行き方は以下の通りです。

・A4番出口を出られましたら、そのまま左手にまっすぐお進みください。
・郵便局を左手に過ぎて、1つめの信号の手前角にコーヒーショップがございます。
・その右隣のビルが弊社でございます。
・到着されましたら、受付にて藤田をお呼びください。
もし当日お分かりにならないときには藤田(TEL：03-1234-5678)までお電話ください。
事前に準備しておく資料や事柄がありましたら、お知らせください。貴社のご要望に沿って、準備しておきます。
どうぞよろしくお願い申し上げます。

飯田海運株式会社
渉外部　藤田　剛

⊕ ここがポイント！

会社の行き方を伝える必要がある場合には必ず地図のリンクを貼っておきましょう。基本は細かい説明がなくても、地図のリンクがあれば、目的地を探して訪ねてくることができます。具体的な行き方を案内する際には箇条書きにするとわかりやすいです。

标题： **关于王杰女士的来访事宜**

连云港港湾物流有限公司
王杰女士：

您好！
欢迎您9 月27 日下午两点访问我公司，
我公司消费服务部部长铃木和主管人员藤田将恭候您的光临。
以下是公司地图的链接，请点击。
https//:○○○.com

※如您乘坐地铁，"溜池山王"车站是距离公司最近的车站。
从A4 号出口出站后步行大约5 分钟即可到达。
具体路程如下：
→A4 号出口出站后往左直走，
→走过左手边的邮局，第一个信号灯前面拐角处有一个咖啡店，
→咖啡店的右侧大楼即是我公司。
→到了公司后请到前台接待处找藤田。

当天如有不明之处，请致电藤田(TEL:03-1234-5678)
如有我公司提前准备的资料或事宜，请事先告知，我们将尽可能按照贵方的要求，做好准备工作。
谢谢！

饭田海运株式会社
涉外部 藤田刚

単語 Vocabulary

□接待处 jiēdàichù ／受付

069 会議開催を伝える

定型表現 現传达会议通知如下。
次の通り会議を行いますので、お知らせ申し上げます。

件名：	**会議のお知らせ**	✕

各部門の責任者および関連職員　各位

次の通り会議を行いますので、お知らせ申し上げます。

今月20日、王総経理が出張から北京に戻りました。今回は東南アジア各国で市場を開拓する業務に関連する協議で大きな成果を得ることができました。会社内部の情報の共有を行い、部門を横断して次の戦略を検討したいと思っております。メールを受け取った方は総経理報告会に出席してください。

場所：本社8階A会議室

日時：3月2日午後1時30分～4時30分

出席部署：生産部、販売部、企画部、品質管理部

定刻通りに出席してください。

社長室　工藤　明正

🗐 中国ビジネスの豆知識！

中国でも会議は多いです。日本と異なる部分は、中国人同士では自分の担当範囲が明確なので、依頼されたことだけすればよいと考えます。したがって、他人の仕事内容にあまり関与したくないという傾向があります。その分、メンバー間の情報共有はどうしても会議などを通じて行うことになります。

⊕ ここがポイント！

会議開催を伝達するメールは時間、場所、出席者はもちろん、会議開催の目的や議題を明記しておきたいところです。その際に"请A出席B"「Aの方はBに出席してください。」などの表現が使用できます。

標題：　**开会通知**

各部门领导及相关人员：

现传达会议通知如下。

本月20日，王总经理出差回京，这次赴东南亚各国开拓市场的商务洽谈取得了重要成果，为了在公司内部做好信息同步，跨部门研讨实施下一步策略，请收到此邮件的各位人员出席总经理报告会。

地点：总公司8楼A会议室

时间：3月2日下午1：30-4：30

出席部门：生产部、销售部、企划部、质管部

请准时出席。

总经理办公室 工藤明正

単語 Vocabulary

□**洽谈** qiàtán ／商談
□**跨部门** kuà bùmén ／部門を横断する
□**研讨** yántǎo ／検討する

□**信息同步** xìnxī tóngbù ／情報共有
□**策略** cèlüè ／戦略

webイベント開催の連絡をする

定型表現 欢迎大家踊跃报名参加！
奮ってのお申し込みをお待ちしております。

×

件名： **オンライン講座「日本歴史の旅」開催のお知らせ**

会員の皆様　こんにちは。

東日本観光協会が企画した「日本歴史の旅」オンラインシリーズ公開講座はいよいよ7月18日開催となります。

当シリーズの講座では学術界から学識者、教授を主任講演者としてお招きし、オンラインによる同時配信方式で皆様と日本の歴史、地理、文化など様々な分野の知識を共有するものです。

奮ってのお申し込みをお待ちしております。

参加方法：１．お持ちのスマートフォンで添付資料のQRコードをスキャンし、参加を申し込みします。

２．次のzoom会議のURLを直接クリックしてzoom会議に参加するか、zoom会議のミーティングIDとミーティングパスワードを入力して入室します。

****

テーマ：日本の戦国時代解説

主催機関：東日本観光協会

講演者：山田優作教授

日時：7月18日（土曜日）14:00～16:00

形式：zoomオンライン同時配信

会議URL：https://zoom.us/j/...

zoomミーティングID：123 456 7890

ミーティングパスワード：123

***--

東日本観光協会

ウェブサイト：http://www.123.org/

事務局メールアドレス：jimukyoku@456.org

⊕ ここがポイント！

オンラインセミナーのお知らせでは内容はもちろん、参加方法も記載しておくと良いですね。"扫描二维码"「QRコードをスキャンする」また"线上直播"「オンライン同時配信」などの表現が便利です。

☒

标题： 《日本历史之旅》在线系列讲座即将推出！

尊敬的各位会员，大家好!
由东日本观光旅游协会策划的《日本历史之旅》在线系列公益讲座将于7月18日隆重推出。
该系列讲座邀请了来自学术界的资深学者、教授担任主讲人，
通过线上直播的方式与大家分享日本的历史、地理、文化等各个领域的知识。
欢迎大家踊跃报名参加！
参加方式：1. 手机扫描附件海报的二维码参加。
　　　　　2. 直接点击下方zoom会议链接加入zoom会议；或进入zoom会议室输入会议号和密码参加。
****
主　　题：解读日本战国时代
主办单位：东日本观光旅游协会
主 讲 人：山田优作教授
时　　间：7月18日(星期六) 14:00～16:00
形　　式：zoom线上直播
会议链接：https://zoom.us/j/...
zoom会议号：123 456 7890
密码：123
****
东日本观光旅游协会
网址：http://www.123.org/
事务局邮箱：jimukyoku@456.org

単語 Vocabulary

□**策划** cèhuà ／ 企画する　　　□**公益讲座** gōngyì jiǎngzuò ／ 公開講座
□**资深学者** zīshēn xuézhě ／ ベテラン学識者　　　□**踊跃** yǒngyuè ／ 奮って、積極的に
□**扫描** sǎomiáo ／ スキャン　　　□**链接** liànjiē ／ リンク
□**直播** zhíbò ／ ライブ、同時配信

会議の資料を送る

定型表現 现将相关资料发送给各位，请查阅附件。
関連資料を添付しますのでご確認ください。

件名： **【新商品の導入】3月24日の会議資料**

王様、皆様

お疲れ様です。
3月24日(水)午後14：00の会議について、関連資料を添付しますのでご確認ください。
下記の3点です。
1. 5月度新商品の生産予定数
　　注意事項：青色部分に記入をお願いします。提出後は変更不可です。
2. 5月度の発注書
　　注意事項：記入漏れがあれば追加をお願いします。
3. 本部による秋の新製品発売リスト(仮)
　　注意事項：短期的販売商品と長期的販売商品の両方を含む。

CC：何さん
お疲れ様です。
今月の出荷実績を教えていただけますか？

管理本部
物流部　劉堅

⊕ ここがポイント！

複数の要件を依頼する時には、箇条書きにすると理解しやすくなります。特に注意してほしい箇所は明確に書きましょう。ハイライトにしたり、図に記載して添付したりすると、誤解されることなく伝えることができます。なお、日本語の知識がある中国人に対しては、「〜さん」を「san」や"桑"で表現することがあります。

☒

标题： **【新品导入】3月24日会议资料**

王san，各位

Hello！
关于3月24日(周三)下午14：00召开的会议，**现将相关资料发送给各位，请查阅附件。**

资料有三：
1．5月新品计划生产量，注意：请填写蓝色部分，提出后无法更改。
2．5月发货订单，注意：如有疏漏请补充。
3．总部暂定的秋季新品名单，注意：包括短期销售和长期销售的产品，请知悉。

CC：何san
Hello！
麻烦告知本月实际出货数量。

管理本部
物流部 刘坚

単語 Vocabulary

☐**疏漏** shūlòu ／漏れ 　　　☐**暂定** zhàndìng ／暂定的に
☐**知悉** zhīxī ／知る、承知する

> **定型**
> **表現** 难以按原计划赴约。
> 当初予定していた貴社への訪問が叶えられそうもありません。

✕

件名： お打合せ時間調整のお願い

不二生命保険株式会社
長谷川 雅明 部長

お世話になっております。
昨日のご訪問の際に、6月9日午後2時に貴社を訪問し双方の今後の協力体制を打ち合わせする旨の約束をしましたが、その後弊社で緊急の事案が発生し、急遽一週間の出張命令を受けました。そのため当初予定していた貴社への訪問が叶えられそうもありません。お詫び申し上げますとともに、ご了承いただけますと幸いです。
15日以降にできる限り早くご連絡し、訪問の日程を改めて調整させていただきたいと思います。
どうぞよろしくお願い申し上げます。

安寧生命保険有限公司 葛敏

💬 **中国ビジネスの豆知識！**

日本では最後に「どうぞよろしくお願いいたします。」で締めくくることが多いです。一方で、中国語のメールでは"祝一切安好！"や"祝好！"など「あなたにとって万事うまく行きますように」との文言で締めくくることが多いです。文面の内容によっては、"谢谢！"や"实在抱歉！"などもよく使われます。

⊕ ここがポイント！

会議日程の変更やキャンセルを伝える時には謝罪を伝える必要があります。その際に"此次十分遗憾，谨致歉意"「大変残念ですが、お詫び申し上げます」や"希望您多多包涵"「どうぞご了承いただければ幸いです」などの表現が使いやすいです。

✕

标题： **关于拜访日程延期的请求事宜**

不二人寿保险株式会社
长谷川雅明部长：

实在抱歉，昨天刚刚与您约定6月9日下午2点访问贵公司，探讨双方今后的合作体制。但之后公司发生紧急情况，我突然接到为期一周的出差命令，难以按原计划赴约。
此次十分遗憾，谨致歉意，希望您多多包涵。
我会在15日之后尽早与您重新联系访问日程。
祝一切安好！

安宁人寿保险有限公司　葛敏

単語 Vocabulary

□**探讨** tàntǎo ／検討する、相談する
□**赴约** fùyuē ／約束を履行する

073 見本市の参加を申し込む

定型表現 我司决定参加此次展销会。
弊社はこの展示販売会に参加することを決定しました。

✕

件名： **展示会参加の申し込み**

南陽市招商局
展示販売会責任者様

お世話になります。南陽市農業機械設備展示販売会(2022)の関連資料を拝受いたしました。入念に検討を重ねた結果、弊社はこの展示販売会に参加することを決定しました。展示販売会の参加申し込みは添付の通りです。

私はこのたびの展示販売会の出展準備業務を担当いたします島本機械設備株式会社海外業務部の喜田川満です。その他にご要望がありましたら、いつでもご連絡いただければ幸いです。以上よろしくお願いします。

島本機械設備株式会社
海外営業部
部長　喜田川満
携帯電話番号：000-0000-0000
Email：kitagawa@123.com
HP：https//: shimamoto@123.com

⊕ ここがポイント！

見本市に出展を申し込む際にはこれから出展に関わる連絡が増えることを想定
しなければなりません。そのため担当者の氏名や連絡先などを明記しておくと
良いでしょう。

标题： **参展申请**

致南阳市招商局
展销会负责人：

您好！我司已收到南阳市农业机械设备展销会(2022)及相关资料，经
过认真研究，**我司决定参加此次展销会**。参展申请详见附件。

我是本次担任参展业务的岛本机械设备株式会社海外业务部喜田川满。
如有其他要求，烦请随时联系我们。

此致
敬礼！

岛本机械设备株式会社
海外营业部
部长 喜田川满
手机号：000-0000-0000
电子邮件地址：kitagawa@123.com
主页网址：https//: shimamoto@123.com

単語 Vocabulary

□**展销会** zhǎnxiāohuì ／展示販売会

定型表現 本公司將於～推出一組全新的專利產品。
弊社はこのたび、～にて新しい特許商品を発表いたします。

件名： GARDENING FAIR 2021（8月30日～9月1日）ご来場のお誘い

お客様各位
拝啓

弊社はこのたび、GARDENING FAIR 2021 (8月30日～9月1日)におきまして、新しい特許商品(日本における特許番号：A359888)DIY Roof Garden (DIY 空中庭園/屋上菜園)を発表いたします。DIY　Roof Gardenは屋上に敷設可能な専用の軽量土、風除けフェンス、タイル及びパーゴラ、よしずなどを含むガーデニングキットです。屋上で野菜や花、果物を栽培することで、暮らしの楽しみが増えるばかりでなく、屋上の温度を下げ、エアコンの使用時間を減らすことができるため、地球温暖化防止につながります。
現在すでに台湾最大のホームセンター(A&Y亜力屋)にて販売しております。私どもは、この商品が各種ガーデニングの需要を促進する商品となること、同時に緑化、省エネ、CO_2削減や環境保護という時代の流れに合致した商品であることを確信しております。
また、本展示会におきまして、日本市場(ホームセンター様)に参入するためにご協力頂けるパートナーを見つけたいと考えております。会場には現物を展示しておりますので、ご参考いただき、ご意見賜りたく存じます。皆様のお越しを心よりお待ちしております。
敬具

星園実業有限公司(台湾)
董事長　葉律鴻

⊕ ここがポイント！

台湾繁体字のメール部の例文です。中国本土の標準語との違いは、簡体字か繁体字だけでなく、細かな表現にもみられます。お互いに基本的な意味は通じますが、繊細な表現をしたい場合には、台湾語ネイティブに確認したほうがよいでしょう。

⊠

标题： **GARDENING FAIR 2021（Aug.30 ～ Sep.1)的参観邀请**

敬愛的客戶：

您好！本公司將於GARDENING FAIR 2021（Aug.30 ～ Sep.1)推出一組全新的專利產品：DIY Roof Garden(DIY 空中花園/屋頂農場),日本專利證號:A359888。DIY Roof Garden是一套包括可铺在屋頂的專用輕土、防風柵欄、花磚以及藤架、蘆葦箔等園藝產品。既可在屋頂栽培蔬菜、花果，增加生活樂趣，又可降低屋頂溫度，減少空調使用時間，致力於防止地球變暖。

此產品目前已經在台灣最大之居家修繕中心(A&Y亞力屋)銷售。我們相信這款產品將是拉動各種園藝产品的市場需求，並且也相當符合綠化、節能減碳與環保的趨勢。

在會場中，我們想要尋求進入日本市場(Home Center)之合作夥伴。現場備有實體之展示供您參考指教，我們竭誠歡迎您的到來！

星園實業有限公司(台灣)
董事長　葉律鴻

単語 Vocabulary

□专利 zhuānlì ／特許　　　　□栅栏 zhàlán ／フェンス
□藤架 téngjià ／パーゴラ、藤棚　□芦苇 lúwěi ／よしず

217

075 食事会に招待する

定型表現 特设小宴，敬请各位光临。
小宴を開催したく、ぜひともご光来賜りますよう、
お願い申し上げます。

件名：	**宴会のお誘い**

李偉明様

平素よりご厚情賜り、心より感謝申し上げます。
私事にて恐縮ですが、このたび9月1日に大森ビジネスコンサルティング公司の
総経理に就任いたしました。この責任の重大さに身が引き締まる思いでありま
すが、この上は粉骨砕身、社業のために専心する所存でございます。何卒ご指
導のほどよろしくお願い申し上げます。
つきましては貴重なご高説を拝聴し、ご鞭撻を賜りたく、下記により小宴を開
催したく、ぜひともご光来賜りますようお願い申し上げます。

時間：3月20日午後6時
場所：大森ホテル5階宴会場　茂春

なお、当日荒天など緊急の場合は、大森ビジネスコンサルティング公司秘書葉
晨からご連絡申し上げます。

大森ビジネスコンサルティング公司
総経理
王長安

📃 **中国ビジネスの豆知識！**

中国では良好な相互関係を築いてからビジネスを行うことが多いです。関係を構築する
場として食事は欠かせません。

⊕ ここがポイント！

最上級の丁寧な表現で送る食事会の招待状です。時間や場所を伝えるだけでなく緊急時の連絡先や連絡方法を明記しておくと便利です。

標題：　**大森商务咨询公司晚宴邀请函**　　　　　　　　　　　　　　　✕

李伟明先生：

您好！本人于9月1日就任大森商务咨询公司总经理一职，深感责任重大，唯恐自己才疏学浅。为尽快地胜任工作，及早聆听到各位的教诲，**特设小宴，敬请各位光临。**

时间：3月20日下午6点
地点：大森酒店5楼宴会厅　　茂春

如当天遇到恶劣天气等紧急情况，将由大森商务咨询公司秘书部叶晨小姐与您联系。

大森商务咨询公司
总经理
王长安

単語 Vocabulary

□**才疏学浅** cáishū xuéqiǎn ／才能が無く学問が浅い
□**胜任** shèngrèn ／任務を全うする　　　　□**聆听** língtīng ／耳を澄ましてよく聴く
□**教诲** jiàohuì ／教え諭す

参加を申し込む

定型表現 有意参加～
～に参加したいと考えております。

×

件名： 「英仏ファッション都市の視察」に関するお問い合わせ

飛鳥旅行社
ご担当者様

お世話になります。「英仏ファッション都市の視察」シリーズの旅行商品紹介を受け取りました。情報提供ありがとうございます。
弊社は欧州市場のファッション業界を実際に訪問し、同業他社の担当者と交流するというツアーの趣旨に大変関心があり、参加したいと考えております。つきましては以下の詳細情報をいただきたいと思います。

１．現地で参加するファッションショーの名称と具体的な日程
２．参加人数が10名以上の場合は割引があるか。参加者に年齢制限はあるか。
３．オプショナルツアーに関する詳細資料はご提供が可能か。
また可能であれば、お時間いただき直接ご相談に乗っていただければと思います。
ご返信お待ちしております。

紅葉ファッション有限公司
デザイン部　陳虹

🗐 中国ビジネスの豆知識！

団体ツアー旅行は人気があるほか、ビジネス目的の視察旅行も本当に多いです。

⊕ ここがポイント！

参加申し込みをメールでする場合にはツアーの名称を明確に記載しておくと良いでしょう。また疑問点がある場合は、"希望进一步了解以下信息"「以下の詳細情報をいただきたい」等の表現も有用です。

✕

标题： **关于"英法时尚之都考察"的询问函**

飞鸟旅行社
负责人：

您好！"英法时尚之都考察"系列旅游产品的介绍已收悉，感谢您的推荐！

我司对于实地了解欧洲市场行情，与同业人员进行交流这一考察宗旨颇感兴趣，有意参加，但希望进一步了解以下信息：

1，在当地参加的服装展览会的名称和具体参展日期？

2，参加人数在10人以上可否优惠？参加人员年龄是否有限制？

3，能否提供可选项目的更详细资料？

如果方便的话，希望能安排时间当面沟通。
盼复。

红叶时装有限公司
设计部 陈虹

単語 Vocabulary

☐ **时尚** shíshàng ／ファッション
☐ **行情** hángqíng ／業界状況
☐ **颇** pǒ ／かなり

☐ **收悉** shōu xī ／（手紙、メールを）受け取る
☐ **宗旨** zōngzhǐ ／趣旨

イベントに招待する

定型表現 略设薄宴聊表心意。
皆様に感謝の気持ちを込めて、ささやかながら小宴を催したく存じます。

×

件名： **宴会のお誘い**

お客様各位

平素よりご愛顧賜り、深く感謝の意を申し上げます。
弊社の本社ビルは先日落成しました。皆様に感謝の気持ちを込めて、ささやかながら小宴を催したく存じます。是非ご降臨いただけますようお願い申し上げます。

場所：大谷プリンスホテル宴会場「飛天」
時間：3月18日午後5時

ロンジーエナジー有限公司
董事長　李隆基

🗨 中国ビジネスの豆知識！

中国のパーティーは昔と比べて質素になっていますが、主催者がメンツのために多めに注文する習慣はまだ根強く残っています。
それに対して、最近、中国政府は食品の浪費を禁じる法律を可決しました。個人だけでなく、飲食店やスーパーにも無駄が出ないように細かく要求が出されています。

⊕ ここがポイント！

イベントに招待するメールも食事に招待するメールと同様に、フォーマルな表現にした方がよいでしょう。"恭候您的光临。"「是非ご光臨いただけますようお願い申し上げます。」などは頻出表現です。

✕

标题： **关于隆基能源有限公司的晚宴邀请函**

各位尊敬的客户：

承蒙厚爱，深表谢意。

本公司大厦已于近日落成。本公司略设薄宴聊表心意。
恭候您的光临。

地点：大谷王子饭店宴会厅"飞天"
时间：3月18日下午5点

隆基能源有限公司
董事长　李隆基

単語 Vocabulary

□ **承蒙** chéngméng ／～受ける
□ **略设** lüèshè ／簡単な、略式の

□ **拟** nǐ ／～する計画、予定
□ **聊表** liáobiǎo ／少し表す

078 誘いを断る

**定型
表現** 由于冗事缠身，无法应邀。
雑事多忙で出席することが叶いません。

件名： **新年会の出席について**

趙明英　様

新年会にお誘いいただき、大変光栄です。せっかくお誘いいただいたにも関わらず、**雑事多忙で出席することが叶いません**。誠に残念ではございますが、ご招待に厚く御礼を申し上げると共に、あしからずご了承いただきますよう、お願い申し上げます。

鈴木　凱

⊕ ここがポイント！

誘いを断る場合はまず誘っていただいたことに対する礼を述べます。"感谢您盛情邀请我参加新年年会，本人深感荣幸。"「新年会にお誘いいただき大変光栄です。」などが使えます。そしてやむを得ない事情を説明します。

☒

标题： **关于无法应邀参加新年年会的抱歉函**

赵明英先生：

感谢您盛情邀请我参加新年年会，本人深感荣幸。但由于冗事缠身，无法应邀。非常抱歉。

再次感谢您的盛情邀请。

铃木凯

単語 Vocabulary

□**盛情** shèngqíng ／ご親切、ご厚情
□**冗事** rǒngshì ／煩わしい仕事
□**应邀** yìngyāo ／誘いに応じる

□**邀请** yāoqǐng ／お招き、誘い
□**缠身** chánshēn ／身にまとう

079 メールアドレス開通のお知らせ

定型
表現
我是～。这是我的邮箱。
私は～と申します。こちらが私のメールアドレスです。

件名：　**メールアドレス開通のお知らせ**

皆様　お疲れ様です。
私は昨日入社しましたヒューマンリソース部の伊藤楓と申します。こちらが私のメールアドレスです。
現在業務を遂行できるよう鋭意努力中です。一日も早く皆様にサービスを提供できるよう頑張ります。ぜひともご指導よろしくお願いします。
****

星宏広告有限公司
ヒューマンリソース部
総務補助　伊藤楓(kaede Ito)
携帯電話番号：000-0000-0000
Email：***@xinghong.com
****

件名：　**メールアドレス開通のお知らせ**

お客様各位
平素より大変お世話になっております。
弊社のメールアドレスが開通しました。今後の業務連絡についてはこちらのメールアドレスをご利用いただければ幸いです。メールアドレスは以下の通りです。
***@**.com
小森製作所
システム管理部
小山　悟

フォーマル編

問合せ

見積り

注文

請求

クレーム

アポ

社内

出張

イベント

通知・お知らせ

採用

⊕ ここがポイント!

メールアドレス開通のお知らせは社内や関係先への自己紹介を兼ねる場合も多いので、"我正在努力熟悉业务"「現在業務を遂行できるよう鋭意努力中です。」や"请多多指教！"「ぜひともご指導よろしくお願いします。」なども使えるようにしておきましょう。

✕

标题： 新人邮箱开通的通知

各位同事：大家好！
我是昨日刚刚入职人力资源部的伊藤枫，这是我的邮箱。
我正在努力熟悉业务，愿尽早为大家做好服务工作，请各位同事多多指教！
****
星宏广告有限公司
人力资源部
总务助理　伊藤枫(kaede Ito)
手机号：
Email：
****

✕

标题： 企业邮箱开通的通知

尊敬的客户：您好！
我司已经开通企业邮箱，今后的业务联系，请使用我的企业邮箱，邮箱地址为：***@**.com
小森制造所
系统管理部
小山悟

単語 Vocabulary

□ **入职** rùzhí ／入社する　　　　□ **熟悉** shúxī ／慣れる
□ **指教** zhǐjiào ／指導する

メールアドレス変更を通知する

定型表現 我们决定启用新的电子邮箱, 地址如下:
以下の新しいメールアドレスを使用することになりました。

×

件名： **新メールアドレスのお知らせ**

お客様各位

平素よりご愛顧賜り、心よりお礼申し上げます。弊社の通信のセキュリティを
さらに高めるために、2022年1月15日より新しい電子メールを使用いたします。
新しいメールアドレスは以下の通りです。

1234567@abc.de

なお、元のメールアドレス7654321@edc.baは使用停止いたします。皆様にご
不便をおかけしますがご了承願います。また関連部署の方に伝達していただけ
ますとありがたく存じます。

よろしくお願い申し上げます。

宏大有限公司
情報システム管理部
陸　嘉良

問合せ
見積り
注文
請求
クレーム
アポ
社内
出張
イベント
通知・お知らせ
採用

⊕ ここがポイント！

メールアドレスは"电子邮箱"や"地址"と表現します。日本語のメールと比べると、形式的な挨拶は今回の場面でも少なくて問題ありません。

☒

标题： **新邮箱开通通知**

尊敬的客户:

为了进一步加强公司通信保密安全工作，我们决定从2022年1月15日起启用新的电子邮箱，地址如下:

1234567@abc.de

原有信箱 7654321@edc.ba 停止使用，由此带来不便，敬请谅解。请相互转告，谢谢!

特此通知。

宏大有限公司
信息系统管理部
陆嘉良

単語 Vocabulary

□**启用** qǐyòng ／ 使用を開始する、し始める

081 自社サービスを紹介する

> **定型表現** 我们是一家专门经营～的公司。
> 私どもは～を専門に扱っている会社です。

件名： **弊社商品のご紹介**

お客様各位
貴社ますますご隆盛のこととお慶び申し上げます。

私どもは展示機材を専門に扱っている本木展示機材株式会社です。 10年前の設立以来、業務は大きく拡大し、お客様よりご好評をいただいております。現在では従業員2000人を擁し、全国各地の大都市に事務所がございます。
弊社が扱っている機材は展示用の棚、カウンター、ブース装飾品(電力、照明、絨毯、オーディオ機材)などで、大型機材などはいずれも取り外しや解体が容易な設計になっており、運搬に便利です。
どのような展示規模でも、弊社はお客様のご要望をきめ細かく伺い、サンプルをご提供し、設計から据付、調整に至るトータルサービスを行っております。
ぜひ弊社のサイトにご登録いただき、より多くの商品や情報をご覧下さい。また電話でのお問い合わせにも対応いたします。誠心誠意サービスをご提供いたしますので、どうぞよろしくお願い申し上げます。

本木展示機材株式会社
代表取締役
本木　清

中国ビジネスの豆知識！

変化の速い中国では創業10年の会社は歴史がある部類に入ります。社会全体の成長スピードが非常に速いからです。
中国企業から見ると、日本には老舗企業が多いのはとても興味深いことです。

フォーマル編

問合せ

見積り

注文

請求

クレーム

アポ

社内

出張

イベント

通知・お知らせ

採用

⊕ ここがポイント！

自社の紹介をする際には提供しているサービスはもちろん、会社の規模や拠点、強みも記載します。最後に"欢迎登录我们的网站浏览更多商品信息，也可直接来电垂询""ぜひ当社のサイトにご登録いただき、より多くの商品や情報をご覧下さい。また電話でのお問い合わせにも対応いたします。"の一文を入れたいところです。

✕

标题： **关于本木展览器材株式会社的产品介绍**

尊敬的客户

您好！

我们本木展览器材株式会社是一家专门经营展会器材的公司。公司创立于10年前，公司业务不断壮大，并一直拥有良好口碑，如今已拥有2000名员工，在全国省会城市均设有办事处。

我公司主营器材包括展架、展台、展厅装修道具，如电气、照明、地毯、视听器材等，大型器材均可拆卸，方便运输。

无论会展规模大小，我们都将悉心听取您的需求，为您提供选样、设计、安装、调试等一揽子服务。

欢迎登录我们的网站浏览更多商品信息，也可直接来电垂询，我们愿竭诚为您服务！！

本木展览器材株式会社

代表取缔役

本木清

単語 Vocabulary

☐**口碑** kǒubēi ／口コミ
☐**悉心** xīxīn ／心を込めて
☐**垂询** chuíxún ／ご下問、問い合わせる

☐**拆卸** chāixiè ／解体する
☐**一揽子** yìlǎnzi ／一括の、トータル
☐**竭诚** jiéchéng ／誠意を尽くす

082 会社移転のお知らせ

定型表現 公司已搬迁至新的地址。
弊社は新住所へ移転致しました。

×

件名： **会社移転のお知らせ**

お客様各位

謹啓　早春の候　貴社ますますご清祥のこととお慶び申し上げます。
平素は格別のご高配を賜り、社員一同を代表し、心より感謝申し上げます。
さて　このたび弊社は業務拡大に伴い、令和4年3月10日より下記の住所へ移転致しました。

今回の事務所移転を新たな起点とし、皆様にご満足いただけるサービスを提供できるよう社員一同更に努力を重ねてまいりますので、何卒御高承のうえ変わらぬご指導とご支援を賜りますようお願い申し上げます。
略儀ではございますが書中をもちましてご挨拶申し上げます。

—記—

新住所：
電話：

謹白

令和4年3月吉日
株式会社あさひ
代表取締役社長　山田学

📋 中国ビジネスの豆知識！

日本では公式文書は和暦が使われますが、中国向けのメールや書類では西暦で記載した方が良いでしょう。

⊕ ここがポイント！

会社移転のお知らせはかなり形式的なものになります。なるべく格調高く発信したいものです。また日本では3月吉日と表現したりしますが、中国ではこのような習慣はないので、そのまま日付を記載しましょう。日本の文面に良くある「一記一」も記載不要です。

最後の締めくくりですが、このような場面で日本語では謝罪の言葉は不要ですが、中国語では丁寧さが伝わる"深表歉意"等の表現がよく使われています。

✕

标题： **关于株式会社Asahi的搬迁通知**

尊敬的客户：

您好！

承蒙您长期以来对本公司的大力支持与配合，我谨代表全体员工表示由衷的感谢！
因公司发展需要和公司规模的扩大，自2022年3月10日起公司已搬迁至新的地址。本公司全体员工将同心协力，以此次搬迁为一个新的起点，进一步为您提供更加优质的服务。
再次感谢您一直以来给与公司的支持与合作！
公司新地址：
电话：
如因本次搬迁给您与贵公司带来不便，请多多包涵！
特此通知！

2022年3月11日
株式会社Asahi
代表董事社长 山田学

単語 Vocabulary

□搬迁 bānqiān／移転する

083 支社・支店新設のお知らせ

定型表現 本校決定在〜新増設一间教室。
当塾は〜に新教室を増設することになりました。

件名： **新教室開設のお知らせ**

保護者の皆様

平素より当塾に対するご支援をいただき心より感謝申し上げます。
補習クラスのニーズがますます拡大し、より良い教育サービスを提供するため、
またより多くの生徒と保護者に便利を図るため、当塾は池袋に新教室を増設す
ることになりました。
当池袋教室は5月1日から正式に授業開始いたします。新教室の所在地とご連絡
先は、以下の通りです。
新教室場所：東京都豊島区池袋3-49サンシャインビル3階
電話：03-3984-8744

これまで通り生徒に最高の学習環境と品質の高い教育方法を提供できるよう努
力して参ります。

孔明塾

中国ビジネスの豆知識！

競争が非常に激しい中国では、教育格差も深刻な社会問題です。少子化問題の解決の一
環として、最近、中国では学習塾の規制強化に取り組んでいます。
新規の許可や上場、投資などの禁止令で教育業界は大きな影響を受けています。
このように、政策に大きく影響されるのも中国ビジネスの特徴の一つです。

⊕ ここがポイント!

支社・支店新設のお知らせで最も重要なのは支店の場所です。可能であれば地図のURLなどを貼り付けておくと良いでしょう。

| 标题: | **关于孔明补习学校增设新教室的通知** | ✕ |

尊敬的家长:
您好!

由于补习班的需求不断扩大,为了更好地提供教学服务,方便更多的学生和家长,**本校决定在池袋新增设一间教室。**
池袋教室将于5月1日正式开班,地址和联系方式如下:
地址:东京都丰岛区池袋3-49 阳光大厦3楼
电话:03-3984-8744

本校将一如既往地继续为学生提供最佳的学习环境和最优质的教育方式。

孔明补习学校

単語 Vocabulary

□家长 jiāzhǎng ／保護者
□一如既往地 yìrú jìwǎng de ／これまでと変わることなく

084 転勤・異動のお知らせ

定型表現 公司総部決定调我到南京事务所，出任所长一职。
本社の人事異動で南京事務所に異動し、所長の職を
拝命することとなりました。

☒

| 件名： | 南京事務所への異動のお知らせ |

総経理
励智　様

ますますご健勝のこととお慶び申し上げます。
光陰矢のごとしと申します。日時が経つのは早いもので、前回励智様が東京に
ご訪問されてから早くも３年近く経過いたしました。変わらずお元気でお過ご
しのこととお慶び申し上げます。
さて私こと　このたび本社の人事異動で南京事務所に異動し、所長の職を拝命
することとなり、来月1日に赴任する予定となりました。
これまで海外業務部に在職していた5年の間に励智様からひとかたならぬお世話
になり、誠に有難くお礼申し上げるとともに、微力ではございますが、新しい
職場でも一生懸命精進して参りたいと存じますので、今後ともよろしくご指導
のほど心からお願い申し上げます。

西芝株式会社
海外業務部部長
渡辺一朗

📃 中国ビジネスの豆知識！

中国では人事異動はありますが、日本ほど頻繁ではありません。それに家族を大事にす
るのは当たり前という文化ですので、「単身赴任」はマネジメント層以外には非常に稀なケー
スです。

236

フォーマル編

問合せ

見積り

注文

請求

クレーム

アポ

社内

出張

イベント

通知・お知らせ

採用

⊕ ここがポイント！

人事異動のお知らせメールを書く場合には、これまでお世話になったお礼"在海外业务部任职5年间，得到励智先生多方关照，不胜感谢。"や新天地に行っても頑張る決意を"我将尽我微薄的力量在新的岗位上努力工作，今后还望多加指导为感。"などといった言葉で述べます。

×

标题：　**关于调任南京事务所所长的通知**

励总：
您好！

时光荏苒，光阴似箭。自励总上次到访东京已经过去三年了。不知您是否别来无恙？
日前，公司总部决定调我到南京事务所，出任所长一职，我已经接受任命，并于下月一日到任。
在海外业务部任职5年间，得到励智先生多方关照，不胜感谢。我将尽我微薄的力量在新的岗位上努力工作，今后还望多加指导为感。

西芝株式会社
海外业务部部长
渡边一朗

単語 Vocabulary

□**荏苒** rěnrǎn ／(時が)過ぎて行く
□**光阴似箭** guāngyīnsìjiàn ／光陰矢のごとし
□**岗位** gǎngwèi ／職場

□**无恙** wúyàng ／つつがなく
□**微薄的力量** wēibó de lìliàng ／微力

会社買収・合併のお知らせ

定型表現 我公司決定自2022年3月1日起与〜公司合并。
弊社は2022年3月1日に〜社と合併することになりました。

件名： **Leeway社との合併のお知らせ**

恵蝶輸送公司

貴社ますますご隆盛のこととお慶び申し上げます。
飲食業ロボットによる配膳システムをさらに開発するために、当社は2022年3月1日に当該システムの開発機構でありますLeeway社と合併し、「杭州Leeway有限公司」を設立することとなりました。
新会社はロボットによる配膳システムを運営する以外にも、ロボットによる配送や運搬などのシステムの運営にも携わり、多くのユーザーのためにより良いサービスを展開いたします。新住所、サイトは以下の通りです。

住所：東京都港区麻布3-48-4
サイト：hangzhouleeway.com

杭州ロボット開発センター集団
総経理
呉　向東

フォーマル編

問合せ

見積り

注文

請求

クレーム

アポ

社内

出張

イベント

通知・お知らせ

採用

⊕ ここがポイント！

吸収・合併のお知らせではかなり形式的なメールになります。
吸収合併後に変わること(社名、住所、サイトURL、業務内容)などをもれなく
記載することが重要です。

☒

标题： **关于与Leeway公司合并通知**

尊敬的惠蝶运输公司：

为了进一步开发餐饮机器人送餐系统，我公司决定自2022年3月1日起
与拥有该系统开发机构的Leeway公司合并，成立"杭州Leeway有限公司"。
新公司除了经营机器人送餐系统以外，还经营机器人配送和搬运等系统，
更好地为广大用户服务。新地址及网站如下：

地址：东京都港区麻布3-48-4
网站：hangzhouleeway.com

杭州机器人开发中心集团
总经理
吴向东

単語 Vocabulary

□**机器人** jīqìrén ／ ロボット
□**送餐** sòng cān ／ フードデリバリー、食事の配達
□**搬运** bānyùn ／ 運搬する

086 営業時間変更のお知らせ

定型表現	我购物中心决定于〜期间临时调整营业时间 当ショッピングセンターでは〜の期間中臨時で営業時間を調整いたします。

件名： **桜ショッピングセンター営業時間変更のお知らせ**

お客様各位

平素よりご愛顧いただき、心より感謝申し上げます。
市政府の「異常気象対応に伴う出退勤時間調整に関する緊急通知」に基づき、当ショッピングセンターでは2022年7月20日から22日の期間中、臨時で営業時間を下記の通り調整いたします。

7月20日(金)：10:00-19:00
7月21-22日(土曜日、日曜日)：12：00-19：00

ご不便をおかけして申し訳ございませんが、ご承知おきいただけますようお願い申し上げます。

桜ショッピングセンター

🗨 中国ビジネスの豆知識！

中国ではこのように政府からの指示に従わなければならないこともあります。様々な想定をしておくとよいでしょう。近年、異常気象が急増していますが、SNSを通じて被災地の状況はすぐに伝わります。国民の関心も高まっており、中国政府も災害対策を積極的に行っています。

フォーマル編

問合せ

見積り

注文

請求

クレーム

アポ

社内

出張

イベント

通知・お知らせ

採用

⊕ ここがポイント！

このような営業時間変更のお知らせは箇条書きで変更となる項目を明記するのはもちろん、"给您带来不便，敬请了解。"「ご不便をおかけして申し訳ございませんが、ご承知おき頂けますようお願い申し上げます。」の一文を加えておくと印象が良いです。

⊠

标题： **关于樱花购物中心调整营业时间的通知**

敬告客户

根据市政府《关于应对极端天气调整上下班时间的紧急通知》，我购物中心决定于2022年7月20日-22日期间临时调整营业时间如下：

7月20日（周五）：10：00-19：00
7月21-22日（周六、周日）：12：00-19：00

望广大客户周知。给您带来不便，敬请了解。

樱花购物中心

単語 Vocabulary

□**极端气候** jíduān qìhòu ／ 異常気象
□**敬告** jìnggào ／ 謹んでお伝えする
□**周知** zhōuzhī ／ 広く知らせる、周知させる

取引先を紹介する

定型表現 ～公司比較値得推荐。
～公司が推薦に値する企業です。

件名： **研修会社のご紹介**

王平様

前回管理職の研修会社を紹介してほしいとのご要望についてですが、よく検討した結果、大章研修有限公司が推薦に値する企業だと思います。
私どもは数年前に数社の研修会社とやり取りをしたことがありますが、大章研修公司はそのうちの一社です。
他社と比べて大章の価格帯はやや高めですが、費用対効果はとても良いと思います。
その強みは講師の専門性が高く、多くは一流企業での実務経験があるため、研修内容は豊富かつ具体的で、時代の変化に合致しています。
すでに貴社の状況を同社の法人営業部佐藤亮部長にお伝え済みで、近日中に貴社にレターを発送するそうです。直接連絡を取り合ってみてください。
さらに一社B社も検討することができると思います。こちらの講師レベルは一般的ですが、価格帯は控えめで、もっぱら外国の従業員を対象とした研修もあります。B社のサイトを調べてみて、大章社と比較なさってもよいのではないかと思います。
まずはご返信まで、ではでは。

池江

💬 中国ビジネスの豆知識！

知人から紹介してもらうのは中国ビジネスらしいスタイルと言えます。事実、知人の依頼を受けて取引先を紹介する事例は良く発生します。

フォーマル編

問合せ

見積り

注文

請求

クレーム

アポ

社内

出張

イベント

通知・お知らせ

採用

🔍 ここがポイント！

このようなメールを書くときには推薦する理由として質と価格の両面からコメントをすると良いでしょう。

☒

標題： **关于人才培训公司的推荐**

王平你好！

上次你让我介绍的管理人才培训公司，我经过考虑，觉得**大章培训公司比较值得推荐**。

我们这几年也和几家培训公司打过交道，大章公司是其中一家。

与其他公司相比，他们的价位略高，但性价比很好。

优势在于讲师专业水平很强，大多都在一流企业实际工作过，所以培训内容更加丰富具体，符合时代变化。

我已经把你们公司的情况大致告诉了大章公司法人营业部的佐藤亮部长，他近日会给你发函，你们不妨沟通一下。

还有一家B公司也可以考虑，这家讲师水平一般，但价位偏低，而且有专门针对外国员工的培训。你可以上他们的网站查看一下，和大章公司做个比较。

先回复至此，祝好！

池江

単語 Vocabulary

□**打交道** dǎjiāodào ／やりとり、付き合い　　　□**不妨** bùfáng ／差し支えなければ
□**性价比** xìngjiàbǐ ／費用対効果、コストパフォーマンス

088 担当者変更のお知らせ

調整了与貴公司対接工作的負責人員。
貴社業務担当の責任者を変更することといたしました。

件名： **担当者変更のお知らせ**

馬雷教育集団　御中

平素は格別のご高配を賜り、厚く御礼申し上げます。
弊社では2022年1月1日より貴社の業務担当者、連絡方法は以下の通りとなりますので、お知らせ致します。
新担当者：王磊(第2営業部部長)
連絡方法：
なお、これまでの業務はすべて新担当者に引き継がれます。何か問題がある場合には、お手数ですが、ご連絡頂ければ幸いです。

今後もこれまでと同様に良質なサービスを提供して参りますので、何卒、ご理解頂けますようよろしくお願い申し上げます。

日本教材開発株式会社
営業本部
栗原　賢

フォーマル編

問合せ

見積り

注文

請求

クレーム

アポ

社内

出張

イベント

通知・お知らせ

採用

⊕ ここがポイント！

日本ではこういったビジネス上のお知らせは、端的でありながら丁寧な文書が好まれますが、中国語の場合は、変更の理由やお詫びなども入れるとより自然な文面になり、相手に丁寧な印象を与えます。中国語は数多く伝えることによってコミュニケーションの円滑化を図る言語と言えるでしょう。
なお、必要に応じて「元の責任者は業務担当ではなくなる」旨も記載するのもトラブル回避に効果的でしょう。もちろん、相手の企業との関係性により、日本語と同様に事務的に書くことも問題ありません。

✕

| 标题： | **调整负责人员的通知** |

尊敬的马雷教育集团：

我公司因管理和发展需要，近期调整了与贵公司对接工作的负责人员。
自2022年1月1日起对接工作交由以下人员负责，联系方式如下。
新负责人：王磊（第二营业部部长）
联系方式：
从2021年1月1日起，原负责人△△不再担任贵公司任何业务，之前与贵公司联系的所有业务全部移交由新调整的业务人员负责，如有其它问题，敬请及时联系我司。

因此次人事变动给贵公司造成的任何不便敬请谅解。今后我们将一如既往地为贵公司提供优质的专业服务！

特此通知。

日本教材开发株式会社
营业总部
栗原贤

単語 Vocabulary

□交接 jiāojiē ／引き継ぐ、受け渡す
□就职 jiùzhí ／職に就く、就任する

089 価格変更のお知らせ

定型
表現 本公司決定対部分菜品価格进行調整。
当社では一部メニュー価格に対して調整を行うこと
といたしました。

件名： **一部メニュー価格ご変更のお知らせ**

お客様各位

近年来原料価格が絶えず上昇しておりますが、当社は「お客様優先」との原則に
基づいて、コストの引き下げに全力を尽くし、新メニューを開発して参りました。
しかしそれでも現在の価格を維持することが難しくなっております。

従業員が正常に業務を行い、お客様により良いサービスを提供するため、当社
では一部メニューの価格に対して調整を行うことといたしました。新価格は来
年1月4日より適用いたします。

ご理解いただき、ご承知おきいただければと思います。引き続き皆様のご愛顧
をお待ちしております。

本格日本料理　嵐山
総料理長
宮本　武

中国ビジネスの豆知識！

中国では物価が継続的に上昇しています。従って、中国とのビジネスの際には常に物価
の推移をチェックするなどして注意を払うことをお勧めします。

フォーマル編
問合せ
見積り
注文
請求
クレーム
アポ
社内
出張
イベント
通知・お知らせ
採用

⊕ ここがポイント！

価格変更のお知らせは読み手が正当な理由であると認識できるように書くことが大事です。メールでは価格変更にお知らせの前に、値上げせざるを得ない事情などを丁寧に説明するのが良いでしょう。

✕

标题： **关于调整部分菜品价格的通知**

敬告客户

近年来原材料价格不断上涨，尽管本公司本着"用户至上"的原则，始终致力于降低成本，开发新的菜单，但现有价格仍然难以维系。

为了使公司的工作人员正常工作，更好地为广大客户服务，**本公司决定对部分菜品价格进行调整。**新价格将从明年一月四号起开始实行。

希望各位客户理解和周知，并希望继续得到各位客户的惠顾。

正宗日本料理　岚山
厨师长
宫本武

単語 Vocabulary

□**本着～原则** běnzhe ~ yuánzé ／ ～の原則に基づいて
□**维系** wéixì ／ 維持する
□**正宗** zhèngzōng ／ 本格的な

新商品・サービスのお知らせ

定型表現 该产品将于近日内在日本市场上市。
当製品は近日中に日本市場で発売される予定です。

✕

件名： 新商品発売のお知らせ

VR家電株式会社
購買部
舟木　里奈　様

陽春の候、謹んでご挨拶申し上げます。

弊社が研究開発しました薄型のUSB扇風機がこのほどロット生産を開始いたしました。近日中に日本市場で発売される予定です。当製品は最新のセンサーシステムを搭載し、周囲の環境に合わせてスイッチのオンオフが自動で切り替わります。また静音設計となっており、皆様にとって静かで快適な業務環境を提供いたします。本製品の紹介動画を添付いたします。サンプルが必要でしたらすぐにお手配いたします。どうぞよろしくお願い申し上げます。

光千開発有限公司
海外業務部
孫　有余

💬 中国ビジネスの豆知識！

中国では紙カタログよりも動画を配信したり、商品のウェブサイトに誘導するやり方が一般的です。

⊕ ここがポイント!

初めての顧客に連絡する際には、フォーマルな丁寧な表現を使用した方が無難です。新製品発売のお知らせのメールで一番重要なことは新製品の特徴をしっかりと伝えることです。「新発売」は"上市"や"发售"と表現することができます。

标题：	**光千开发有限公司新产品上市通知**

尊敬的VR家电株式会社
采购部
舟木里奈女士：

阳春时节，谨致以诚挚的问候。

本公司研制的薄型USB风扇机最近已投入批量生产，将于**近日内在日本市场上市**。该产品采用最新感应系统，根据周围环境变化自动开关。

采用静音设计，为您营造安静舒适的工作环境。

附上本产品介绍视频，如需样品，我方可以马上安排。

谨至。

光千开发有限公司
海外业务部
孙有余

単語 Vocabulary

☐ **诚挚** chéngzhì ／誠実な、心からの
☐ **感应系统** gǎnyìng xìtǒng ／センサーシステム
☐ **开关** kāiguān ／スイッチ
☐ **舒适** shūshì ／快適な
☐ **视频** shìpín ／動画

091 商品製造・サービス中止のお知らせ

定型 表現 该项目采购活动终止。
本案件の調達活動を終了します。

×

件名：	テーマパーク設計入札募集案件終了に関するお知らせ

入札会社各位

弊社の業務に対するご支援、ご参加をいただき心よりお礼申し上げます。
今回テーマパーク設計入札募集案件（案件番号：×××-×××）について、申し込み締め切り時点で入札企業が3社にも届かず、開札条件に満たないため、**本案件の調達活動を終了します。**

今回のお知らせに対する質問については下記にご連絡いただければ幸いです。

連絡先：××省招標有限責任公司
住所：××市××区3段855号
連絡先：林女士 0123-4567890

サプライヤーの皆様にはご不便をおかけしたことについて、お詫び申し上げます。

××省招標有限責任公司
プロジェクト管理部
陳　東明

フォーマル編

問合せ

見積り

注文

請求

クレーム

アポ

社内

出張

イベント

通知・お知らせ

採用

⊕ ここがポイント！

商品製造・サービス中止のお知らせは、なにか不都合が起きた際の連絡先を明確にしておく必要があります。箇条書きでもれなく記載しましょう。

☒

标题： **主题公园工程设计招标项目终止公告**

致各家投标单位：

感谢对我司工作的支持与参与！

本次主题公园工程设计招标项目(项目编号：×××-×××)因报名截止之时，报名单位不足三家，**不满足开标条件，该项目采购活动终止。**

凡对本次公告内容提出询问，请按以下方式联系。

联系单位：××省招标有限责任公司

联系地址：××市××区3段855号

联系方式：林女士 0123-4567890

给诸位供应商带来的不便，敬请谅解。

××省招标有限责任公司
项目管理部
陈东明

単語 Vocabulary

☐招标 zhāobiāo ／ 入札募集
☐开标 kāibiāo ／ 開札
☐供应商 gōngyìng shāng ／ サプライヤー
☐投标 tóubiāo ／ 入札
☐凡 fán ／ すべての

092 特別セールのお知らせ

定型表現 本公司特举办金秋酬宾销售活动。
弊社では秋のお客様感謝特別キャンペーンセールを
行います。

☒

件名： **秋のお客様特別キャンペーンセールのご案内**

VIPのお客様各位

平素より香明健康食品公司に対するご信頼、ご愛顧、ご厚情に対して心から感謝申し上げます。

中秋節を迎えるにあたりまして、弊社では秋のお客様感謝特別キャンペーンセールを行います。今回のキャンペーンの中の商品はいずれも当社または関連企業の売れ筋商品でもあり、VIPの皆様への感謝を込めて、価格はいずれも2割引で販売させていただきます。

また商品内容も豊富で、口コミ評判が極めて良い、何度も品切れになったABシリーズのプロテインパウダー、冬虫夏草内服液などがあります。数に限りがあり、完売次第販売終了いたします。

招待状を2枚お送りいたしますので、ご手数をおかけしますが、印刷またはスマートフォンにダウンロードをお願いいたします。

キャンペーンセールの開催場所、日時などについては招待状をご覧ください。

お客様のお越しを心よりお待ちしております。

どうぞ楽しい中秋節をお迎えください。ご家族のご多幸をお祈り申し上げます。

香明健康食品公司
販売部責任者　張　浩

📧 **中国ビジネスの豆知識！**

春節、中秋節および独身の日（11月11日）は一大商機です。ぜひチャンスをとらえて販売促進キャンペーンを出したいものです。

フォーマル編

問合せ

見積り

注文

請求

クレーム

アポ

社内

出張

イベント

通知・お知らせ

採用

⊕ ここがポイント！

特別セールのお知らせはお客様に来店してもらうことが目的なので、お客様に
とって魅力的な情報をピックアップして記載します。日本語と中国語の割引表
現が異なりますので、要注意です。"均按8折优惠价出售"は「すべて2割引で販
売致します」という意味ですので、間違えないように。

| 标题： | **金秋酬宾销售活动开始了！** |

尊敬的各位VIP客户：

感谢大家一直以来对香明健康食品公司的信任，支持与厚爱。

值此中秋佳节来临之际，为了表达我们的感谢之情，**本公司特举办金
秋酬宾销售活动。**

活动商品均为我公司以及相关企业的畅销品，且为了报答各位VIP客户，
均按8折优惠价出售！

商品内容丰富，包括市场上口碑极佳，曾数次断货的AB系列蛋白质粉、
冬虫夏草口服液等。数量有限，售完为止。

随函寄上招待券2张，烦请打印或下载至手机。

地址和活动时间详见券面说明。

恭候您的光临！

祝您中秋愉快！阖家幸福！

香明健康食品公司　销售部负责人　张浩

単語 Vocabulary

□**酬宾** chóubīn ／顧客に奉仕する
□**报答** bàodá ／恩に報いる
□**断货** duàn huò ／品切れ

□**畅销品** chàngxiāo pǐn ／売れ筋商品
□**口碑** kǒubēi ／口コミ、評判
□**下载** xiàzài ／ダウンロード

093 夏季休業の連絡

定型表現 本公司将进入盂兰盆假期。

お盆の季節を迎え、弊社は次の通り夏季休業の期間に入ります。

×

件名：　**弊社の夏季休業のお知らせ**

佛山日中機械有限公司
田志剛 氏

平素より大変お世話になり、心よりお礼申し上げます。

お盆の季節を迎え、弊社は次の通り夏季休業の期間に入ります。

夏季休業の期間は8月7日から9日および8月13日から16日です。8月10日〜8月12日の3日間は通常通り社員が出社します。

夏季休業期間中は一切の対外的な業務を停止します。上記期間にご連絡をいただいた場合は休業期間終了後の対応となりますので、ご了承ください。

日本都市株式会社
海外営業部　森本　孝

📃 **中国ビジネスの豆知識！**

中国では国慶節など中国独特の祝日があります。日にちが決まっている国慶節のような祝日もありますが、春節などは旧暦ベースのため、毎年日にちが変わる祝日もあります。なお休日の長さは政府によって決められています。お盆休みは中国にはありませんが、帰省、お墓参りという意味では中国の清明節（4月5日前後）に似ています。

フォーマル編

問合せ

見積り

注文

請求

クレーム

アポ

社内

出張

イベント

通知・お知らせ

採用

⊕ ここがポイント！

夏季休業の連絡メールです。日本の企業にとっては極々一般的なお知らせメールですが、中国語にそのまま翻訳するとかなり形式的な、型にはまった通知になります。中国企業同士であればもう少しカジュアルな表現になります。

✕

标题：　**日本都市放假通知**

佛山日中机械有限公司
田志刚 先生

您好！
感谢您一直以来对我公司业务的信任与支持。

本公司将进入盂兰盆假期，放假期间为8月7日-9日和8月13日-16日，
8月10日至8月12日照常上班。
放假期间将停止一切对外业务，如有任何联络事项，
我们将于假期后进行处理，不便之处，敬请见谅。

顺颂夏安！

日本都市株式会社
海外营业部 森本孝

単語 Vocabulary

□**上班** shàngbān ／ 出勤する　　　　　□**对外业务** duìwài yèwù ／ 対外業務
□**不便之处** búbiàn zhī chù ／ 不便をおかけします

定型表現 将于明年1月1日全面更新网站平台。
来年1月1日よりホームページをリニューアルいたします。

件名： ホームページリニューアルのお知らせ

お客様各位

平素よりグローバル薬局へのご信頼とご愛顧に対して、心から感謝申し上げます。グローバル薬局では来年1月1日よりホームページをリニューアルいたします。心よりお客様のアクセスをお待ちしております。

グローバル薬局は日本でトップの医薬品B2C購入サイトです。国際的な医薬品の流通業界において、サプライチェーンやマーケティングの効率を向上させることに力を入れております。これにより製品をより早く、より安く消費者の手にお届けいたします。

ホームページのリニューアルを記念して、特別セールを実施致します。特別セール期間中全商品ご注文の価格の10%をポイント還元させていただきます。

特別セール期間：2022年1月1日～1月10日

グローバル薬局
社長
末広　洋子

🗨 中国ビジネスの豆知識！

あらゆる方法を使って販売促進をするのはどこの国でも同じですね。中国では良く"买一送一"「一つ買ったら、もう一つプレゼント」を見かけます。

フォーマル編

問合せ

見積り

注文

請求

クレーム

アポ

社内

出張

イベント

通知・お知らせ

採用

⊕ ここがポイント！

ホームページリニューアルのお知らせメールです。リニューアル記念キャンペーンのお知らせも兼ねています。"诚邀您的光临。"「心よりお客様のアクセスをお待ちしております。」を加えて、アクセスしてほしいことをアピールします。

✕

标题： **地球药店网站全面更新通知**

亲爱的客户：

感谢大家一直以来对地球药店的信任与支持。

地球药店将于明年1月1日全面更新网站平台，诚邀您的光临。

地球药店是日本领先的医药B2C采购平台，立足于全球医药品流通行业，致力于提升行业供应链效率和营销效率，使产品以更快捷的速度、更低廉的成本到达消费者的手中。

为了庆祝网站平台的更新，我们提供以下优惠：特销期间全场下单支付返10%的积分。

特销期间：2022年1月1日至1月10日

恭候您的惠顾！

地球药店
社长
末广洋子

単語 Vocabulary

□诚邀 chéng yāo ／ 謹んで招待する
□供应链 gōngyìng liàn ／ サプライチェーン
□低廉 dīlián ／（価格が）安い
□致力于～ zhìlì yú ／ ～に力を尽くす

□平台 píngtái ／ プラットフォーム、サイト
□快捷 kuàijié ／ 素早く
□领先 lǐngxiān ／ トップの

095 システムメンテナンスのお知らせ

定型
表現

〜云服务将于…进行系统升级。
〜クラウドサービスは…にシステムのバージョンアップ
作業を行います。

✕

件名：　**クラウドシステムメンテナンスのお知らせ**

ユーザー各位

チュアンチークラウドサービスは日本時間10月27日22:00から10月28日2:00までシステムのバージョンアップ作業を行います。その間チュアンチーProとチュアンチーSuperのサイトは取引を停止いたします。

サイト内では「ダウンロード」および「アップロード」が一時停止し、「コンテンツの表示」にも影響を及ぼします。バージョンアップ完了後は自動で復旧し、取引業務と広告は影響を受けることはありません。

システムのバージョンアップ中、お客様にはご不便をおかけしますが、ご了承いただきたくお願い申し上げます。

チュアンチークラウドサービス

フォーマル編

問合せ

見積り

注文

請求

クレーム

アポ

社内

出張

イベント

通知・お知らせ

採用

⊕ ここがポイント!

システムメンテナンスのお知らせメールです。サービスを提供する時間帯はもちろん、その期間中、どんな作業ができ、どんな作業ができないのかを明記しておく必要があります。時間についての記載がある場合には日本時間なのか中国時間なのか明確に記載した方が良いでしょう。

☒

标题: **云服务系统维护通知**

尊敬的用户:

传奇云服务将于日本时间10月27日22:00-10月28日2:00期间进行系统升级，期间传奇 Pro和传奇 Super网站将停止交易。

网站将暂停"下载"及"上载"功能，"展示内容"也会受到影响，升级完成后自动恢复，交易业务及广告发布不受影响。

系统升级期间为您带来的不便，敬请谅解！

传奇云服务专业站

単語 Vocabulary

□**云服务** yún fúwù ／クラウドサービス　　□**升级** shēngjí ／バージョンアップ
□**上载** shàngzài ／アップロード　　　　　□**内容** nèiróng ／コンテンツ
□**交易** jiāoyì ／取引

アンケートへの協力を求める

定型表現 希望您协助填写问卷调查。
アンケート調査の記入にご協力いただきたいと思います。

件名： **アンケートご協力のお願い**

こんにちは。
私たちは東都大学マーケティング専攻4年生の学生です。現在大学生のオンライン
ショッピング消費に関する調査を行っております。数分間のお時間をいただき、ア
ンケート調査の記入にご協力いただきたいと思います。
調査項目の選択肢には、正誤の区別はないのでご自身の実情に基づき、ご回答くだ
さい。
本調査は匿名で行います。データは統計の分析のみに使用します。安心してご記入
ください。

1．オンラインショッピングの頻度はどのぐらいですか。
　(1)毎日1回　　　(2)週に1回　　　(3)月に1回　　　(4)その他(　　　　　)
2．オンラインショッピングで購入するものはどんなものですか(複数選択可)
　(1)服飾品(靴、帽子を含む)　　　(2)スキンケア、化粧品　　　(3)書籍
　(4)その他(　　　　　　　)
3.オンラインショッピングの主な理由(複数選択可)
　(1)利便性が高く、簡単　　　(2)価格が安い　　　(3)品揃えが豊富
　(4)その他(　　　　　　　)

アンケート調査は以上です。ご協力ありがとうございました。
東都大学　経済学部　マーケティング専攻　4年生　代表　張文

🗩 中国ビジネスの豆知識！

中国では日本ほどプライバシーのことに気を配る必要はないかもしれません。どちらか
というとあらゆる情報を交換することで、適切な情報を入手しています。

フォーマル編

問合せ

見積り

注文

請求

クレーム

アポ

社内

出張

イベント

通知・お知らせ

採用

⊕ ここがポイント！

アンケートへの回答を求めるメールです。"请您按自己的实际情况在合适的选项前打勾(✓)或填写。"「ご自身の実情に基づき、チェックを入れ、またはご記入下さい。」などの表現が有用です。

标题： **请求协助问卷调查事宜**

您好，我们是东都大学市场营销专科四年级的学生，我们正在进行一项关于大学生网购情况的调查，**希望能占用您几分钟时间，协助填写问卷调查。**
题目选项无对错之分，请您按自己的实际情况在合适的选项前打勾(✓)或填写。
本问卷实行匿名制，所有数据只用于统计分析，请放心填写。

1．您平时网购的频率是多少？
  (1)每天一次　　　(2)每周一次　　　(3)每月一次
  (4)其他(　　　　　　　　　　)
2．您在网上经常购买哪些东西？（多选题）
  (1)服饰鞋帽　　　(2)护肤化妆品　　　(3)书籍
  (4)其他(　　　　　　　　　　)
3.您选择网购的主要原因有哪些？（多选题）
  (1)方便省力　　　(2)价格便宜　　　(3)品种齐全
  (4)其他(　　　　　　　　　　)

问卷到此结束，非常感谢您的参与！
东都大学　经济系　市场营销专科　4年级　代表　张文

単語 Vocabulary

□**网购** wǎnggòu ／ネットショッピング
□**对错之分** duì cuò zhī fēn ／正解か誤答の違い　　　　□**频率** pínlǜ ／頻度
□**匿名** nìmíng ／匿名

定型表現 我将退出現職。
現職から離れることになりました。

☒

件名： **退職のお知らせ**

華盛有限公司
韓国建総裁

　ますます御健勝のこととお慶び申し上げます。
　私ごとではございますが、石田敬は会社の命を受け、4月1日より中国支社長の職に就任することになり、現職から離れることになりました。美食サイト部長在任の一年間、韓国建総裁より多大なご支援とご協力を賜り、深く感謝申し上げます。
　ここ数年、幸いにも韓国建総裁とともに日中間の美食サイトを中心に大変有意義な業務を展開することができました。総裁のご協力の下、双方は美食サイトの日本プラットフォームを構築し、多くの日本のお客様にサービスを提供することができるようになりました。
　現在、ECサイトに対する関心が世界的に高まっており、双方での有意義な提携がますます期待される中で、ECサイト関連業務から離れることを非常に残念に思います。
　私の後任として美食サイト部長には佐藤保が就任します。佐藤保は長年EC関連の業務を担当し、当社の大変優秀な人材です。これからもこれまでと変わらぬ一層のご支援とご協力を賜りたいと期待しております。
どうぞ引き続きよろしくお願い申し上げます。

天楽美食株式会社
美食サイト部長　　石田　　敬

フォーマル編

問合せ

見積り

注文

請求

クレーム

アポ

社内

出張

イベント

通知・お知らせ

採用

⊕ ここがポイント!

「097」と「098」のシーンでは、格調の高いレターを交換することに意義があります。相手の顔を立てる効果があり、会社同士の関係を円滑に保つことができます。

☒

标题：　关于天乐美食株式会社 石田 工作调动的通知

华盛有限公司
韩国建总裁：

　　贵体健康，甚为欣喜。
　　我接受公司任命，于4月 1 日新任中国分社长一职，并将退出现职。在我就任美食网站部长职务1年期间，承蒙您给予了大力支持和配合，在此深表谢意。
　　几年来，我有幸与您以日中之间的美食网站为中心共同开展了大量极富意义的工作。在您的大力支持下，贵我双方共同开发了美食网站日本平台向广大日本客户提供服务。
　　在当今世界对电子商务平台愈发关注，贵我之间的有益合作关系倍受期待之际，我为离开电子商务平台业务而深感遗憾。
　　今后，佐藤保将接替我就任美食网站部长。佐藤长期负责电子网络业务，是我司非常优秀的人才。今后也请您像支持我一样支持佐藤。

此致
敬礼！

天乐美食株式会社
部长　石田敬

単語 Vocabulary

□欣喜 xīnxǐ ／ うれしい

□电子商务 diànzǐ shāngwù ／ EC（Eコマース）

263

昇進のお祝いメールを送る

定型表現 欣闻您荣升，对此表示衷心的祝贺。
昇進された旨を伺いました。心よりお祝い申し上げます。

件名： **ご昇進のお祝い**

明珠造船集団有限公司
総経理　王　青山　様

錦秋の候、貴社いよいよご清栄のこととお慶び申し上げます。平素は格別のご高配を賜り、厚く御礼申し上げます。王様が明珠造船集団の総経理にご昇進されたとのこと伺いました。心よりお祝い申し上げます。
今後双方で造船の分野、さらに様々な分野で協力し、良好な信頼関係を構築できることを願っております。また今後の業務におきまして今まで通り変わらぬご支援ご厚情賜りますようお願い申し上げます。

近く直接お目にかかれればと願っております。

今後ともご指導、ご鞭撻を賜りますよう、よろしくお願い申し上げます。

日新造船株式会社
代表取締役社長
辻　隆彦

フォーマル編
問合せ
見積り
注文
請求
クレーム
アポ
社内
出張
イベント
通知・お知らせ
採用

⊕ ここがポイント！

昇進のお祝いメールです。決まり文句ですが、"并希望在今后的工作中一如既往得到您的大力支持和深厚友谊。"「今後の業務の中で今まで通り多大なるご支援をいただき、ご厚情を賜りますようお願い申し上げます。」を加えるのが一般的です。

标题： **恭贺荣升函**   ✕

明珠造船集团有限公司
总经理 王青山先生：

时当红叶季节，欣闻您荣升明珠造船集团总经理，对此表示衷心的祝贺。

我希望今后贵我双方在造船以及其他各个领域的合作中能够建立良好的信赖关系，并希望在今后的工作中一如既往得到您的大力支持和深厚友谊。

盼望在不久的将来能和您见面。

此致
敬礼！

日新造船株式会社
代表取缔役社长
辻　隆彦

単語 Vocabulary

□**欣闻** xīn wén ／ 喜んで聞く
□**祝贺** zhùhè ／ 祝福する、お祝いする

099 求人情報へ応募する

定型表現　我对这一职位非常感兴趣，有意应聘。

私はこちらの職位に大変興味があり、応募したいと思います。

件名：　**投資部マネージャーのご応募（李 明虹）**

石川投資株式会社
ヒューマンリソース部
大久保　明生様

貴社マーケティング部本田宏様から、貴社が不動産投資部マネージャーの職位を募集しているとの情報を入手しました。私はこれに大変興味があり、応募したいと思います。

私は信達不動産で5年の勤務経験があり、不動産投資の分野で豊富な実務経験があります。

メールにて履歴書と業務経歴書を添付いたします。ぜひ面接の機会をいただけますようお願いいたします。また、オンライン面接・対面での面接ともに参加可能です。

対面での面接の場合には、出張のため5月10日から20日は避けていただければ幸いです。

貴社の発展に貢献する機会があることを願っております。

李明虹

📋 中国ビジネスの豆知識！

中国は転職活動が日本よりもずっと活発です。即戦力を求められることが多いですし、契約期間が3年から5年が一般的なので、応募をする側も「自分はこの会社で○○を磨く！」などと大変な意欲があります。

⊕ ここがポイント！

中国ではこのような初めてメールをする相手であっても、それほど形式的な書式は必要なく、フランクな表現で書くことができます。求人情報への応募の場合は意欲を見せることが重要なので、意欲を示すような表現を加えましょう。

標題： **关于李明虹应聘投资部经理的申请函**

石川投资株式会社
人力资源部
大久保明生　先生：

您好！从贵公司营销部本田宏先生那里了解到贵公司正在招聘房地产投资部经理这一职位，我非常感兴趣，有意应聘。

我在信达房地产公司工作了5年，在房地产投资项目的运营方面有丰富的实践经验。

随信附上我的个人简历和工作业绩介绍，希望能获得面试机会。无论安排线上还是线下的面试，我都可以参加。

线下面试的话，由于出差的原因，希望能避开5月10日-20日。

希望能有机会为贵公司的发展尽一己之力。

李明虹

単語 Vocabulary

□**应聘** yìngpìn ／ 応募
□**线上** xiànshàng ／ オンライン
□**招聘** zhāopìn ／ 募集
□**线下** xiànxià ／ 対面

100 自分の売り込みをする

定型表現 我叫〜，曾任〜
私は〜と申します。〜を担当した経験があります。

☒

| 件名： | 周薇薇履歴書ご送付 |

人事部
責任者　様

貴社ますますご隆盛のこととお慶び申し上げます。
私はネットで貴社がCMO（チーフマーケティングオフィサー）1名を募集しているとの情報を伺いました。これに応募したいと思います。
私周薇薇はスイス食品会社のプロダクトマネージャーを担当した経験があり、先日華東ビジネススクールを卒業しMBA学位を獲得しました。

私は業界のマーケティング動向の分析に長けており、刻一刻と変化する市場を捉え、速やかに市場戦略を調整し、広告戦略や販売促進計画などの立案を得意としております。スイス食品社の「サクサクビスケットシリーズ」の中国市場への進出とローカライズ戦略は私がチームリーダーとして戦略を計画し、実現させたものです。自分はCMOの業務に適任だと確信しております。

ここに私の中国語と英語の履歴書を添付いたします。貴社の一員となり、貴社の発展に貢献できることを願ってやみません。

周薇薇

📑 **中国ビジネスの豆知識！**

中国では、交渉と同じ考え方で就職活動をする際も、ある程度は強気な姿勢が必要です。控えめに話すと、自信がないと軽く見られがちです。共働きが主流の中国では、女性の就職率は7割で、女性管理職の割合も世界平均を超えており、上昇志向の女性も多いです。一方で、産休を負担に思う会社もあり、採用や昇級における男女差別があるのも事実です。

⊕ ここがポイント！

自分を売り込みするメールです。"我相信我的能力可以胜任市场总监的工作。"「自分はCMOの業務に適任だと確信しております。」とかなり強い表現ですが、中国では一般的です。

标题： **周薇薇的应聘简历**

人事部负责人：

您好！
我从网上获知贵公司正在招聘一名市场总监，我愿应聘此职位。

我叫周薇薇，曾任瑞士食品公司产品经理，近日刚从华东商学院毕业，
获得MBA学位。

我擅长分析行业动态，捕捉市场的瞬息变化，及时调整市场战略，策划并实施市场调研、广告策划、产品促销等工作。瑞士食品公司的"酥脆饼干系列"进入中国市场的本土化策略便是由我率队策划并实现的。我相信我的能力可以胜任市场总监的工作。

随信附上我的中英文个人简历。我希望能成为贵公司的一员，为贵公司的发展贡献力量。

周薇薇

単語 Vocabulary

□**擅长** shàncháng ／得意である　　　□**动态** dòngtài ／動向
□**瞬息变化** shùnxī biànhuà ／刻一刻と変化する
□**本土化** běntǔ huà ／ローカライズ
□**率队** lǜ duì ／チームを率いて

求人応募の受付完了を通知する

定型表現 我们已经收到了您的简历。
履歴書を拝受いたしました。

件名： **履歴書拝受のご連絡**

李　明虹　様

はじめまして。私石川投資株式会社人事部の大久保と申します。
ますます御健勝のこととお慶び申し上げます。
李明虹様の履歴書を拝受いたしました。ご応募いただき心より感謝申し上げます。
真摯且つ公平に総合的な評価を行いたいと思います。来週10月3日に結果をお伝
えいたしますので、それまでしばらくお待ちいただきますようお願い申し上げ
ます。

石川投資株式会社
人事部
大久保　明生

⊕ ここがポイント！

会社から個人宛てのメールも、個人から会社宛てのメールも中国ではそれほど
形式的な書式ではなく、フランクな表現になります。求人応募受付を通知する
際は「履歴書を拝受いたしました。」のほかに"非常感谢您应聘本公司。"「ご応募
頂きありがとうございます。」の一言を付け加えたいところです。

标题： **应聘职位回复函**

李明虹女士：

我们已经收到了您的简历。非常感谢您应聘本公司。我公司将认真公
平地进行综合考虑，并在下周10月3日给你回信，敬请稍候。

石川投资株式会社
人事资源部
大久保明生

単語 Vocabulary

□应聘 yìngpìn ／ 応募する
□稍候 shāo hòu ／ しばらく待つ
□简历 jiǎnlì ／ 履歴書

102 面接試験に関する通知をする

定型表現　您符合我公司的面试要求。
面接の要件に達しました。

件名：　**一次選考結果について**

華　明夏様

このたびは弊社の求人にご応募いただきありがとうございます。華様は書類選考と筆記試験による第一次選考を通過しましたので、是非面接に進んでいただきたく、お知らせいたします。早速ですが、10月31日と11月1日の二日間のうち、以下の候補時間にて面接を行わせていただきたいと思います。

1)10月31日　10：00
2)10月31日　11：00
3)11月 1日　13：00
4)11月 1日　14：00
面接所要時間：約20分　　場所：当社1階会議室

ご都合の良い時間帯を選択していただき、メールの返信にてお知らせ下さい。
またお越しの際は身分証明書、卒業証明書など証明書の原本をご持参下さい。
ご返信お待ちしております。

サンシャイン技術開発株式会社
ヒューマンリソース部　責任者　本間　和彦

📋 中国ビジネスの豆知識！

中国では中途採用と新卒採用が一緒に行われることもあります。即戦力を求められることがほとんどなので、新卒の就職はかなり厳しいものになっています。2020年のデータによると、新卒の初任給は平均5000元台で、IT業界はとりわけ高いようです。

フォーマル編

問合せ

見積り

注文

請求

クレーム

アポ

社内

出張

イベント

通知

求人・採用

⊕ ここがポイント！

面接試験の通知の際にはいくつかの日程を提示し、選択してもらう形が一般的ですので、"请选择您觉得合适的时间，并回复邮件告诉我们。"「ご都合の良い日時を選択していただき、メールの返信にてお知らせください。」と表現すると良いでしょう。

标题：　**面试通知**

华明夏先生：

感谢您的应聘。经过对书面材料和笔试成绩的初步筛选，**您符合我公司的面试要求。**面试安排在10月31日和11月1日两天，具体时间安排如下：

1) 10月31日　10：00
2) 10月31日　11：00
3) 11月 1日　13：00
4) 11月 1日　14：00

面试所需时间：大约20分钟　　　地点：本公司1楼会议室

请选择您觉得合适的时间，并回复邮件告诉我们。
届时还请携带身份证、毕业证等相关证书原件。
期待您的回复，谢谢！

阳光技术开发株式会社
人力资源部 负责人　本间和彦

単語 Vocabulary

□ **筛选** shāixuǎn ／（篩にかけて選ぶから転じて）選考
□ **相关证书** xiāngguān zhèngshū ／ 関連する証明書
□ **原件** yuánjiàn ／ 原本、オリジナル

103 知人を推薦する

定型表現 推荐我校学生田中凯前往贵校留学。
当校の学生田中凱の貴校への留学を推薦いたします。

×

件名： **本校からの学生推薦について**

南海大学大学院
経済学院　国際ビジネス学科
ご担当者様

　陽春の候、ますますご清栄のこととお慶び申し上げます。

　このたび、当校の学生田中凱の貴校への留学を推薦いたします。

　田中は当校で上級中国語を選択科目として履修しており、私はその授業を受け持つ専任講師です。彼は真摯な学習態度で課題に取り組み、成績優秀、心根も優しく誠実で、品行方正で学業の面でも優れている学生です。
彼が更なる高みを目指せるよう、彼の留学申請受理をお願いいたします。

日本千河大学
外国語学部中国語学科
教授　佐藤　久明

フォーマル編

問合せ

見積り

注文

請求

クレーム

アポ

社内

出張

イベント

通知

求人・採用

⊕ ここがポイント！

学生を推薦する時は、相手の大学の担当者を知らないのが一般的なので、フォーマルな形式的な文章にしたいところです。

×

标题： **留学推荐函**

尊敬的南海大学
研究生院经济学系国际商务专业
负责人：

　　阳春来临，敬祝愈益繁荣昌盛。

　　兹推荐我校学生田中凯前往贵校留学。

　　田中同学在本校选修高级汉语课，我担任该课程专任讲师。他学习认真、成绩优秀、性格善良、诚实可靠，是我校品学兼优的好学生。

　　希望贵校能接受他的留学申请，助他学习更上一层楼，不胜感谢！

日本千河大学
外国语学科中文系
教授 佐藤久明

単語 Vocabulary

□品学兼优 pǐn xué jiān yōu ／ 人品・学業共に優れている

104 採用決定を通知する

定型表現 我们真诚地邀请您成为本公司的一员！
弊社の一員として採用することに決定いたしました。

✕

件名： 採用決定のお知らせ

田中　静香様

貴殿は弊社のオンライン面接に合格し、弊社の一員として採用することに決定しましたことをお伝え申し上げます。

田中様は外国籍であるため、就労ビザ等の関連手続きを行う必要があります。具体的な流れは次の通りです。

1. 弊社が本日よりオンラインにて田中様の中国での就労許可を申請します。審査を通過した後、オンラインにて「外国人業務許可通知書」が発行されます。

2. 「外国人業務許可通知書」およびパスポート等の必要書類を持参し、中国大使館または領事館で就労ビザ(Zビザ)の申請を行ってください。申請時には「ビザ申請書」および写真を提出する必要があります。具体的には大使館・領事館の指示に従って下さい。

3. 中国に入国した後、弊社にて田中様の「外国人工作許可証」の手続きを行います。入国後30日以内に「外国人工作許可証」等の書類を持参し、公安機関に「居留証」の申請を行って下さい。

3月10日までに就労ビザを取得し、4月1日より正式に弊社に入社できるよう希望しております。

弊社に入社していただけることを心より歓迎申し上げます。

共商証券有限公司
人事部　責任者　張明

💬 **中国ビジネスの豆知識！**

中国の会社では3年から5年の期間の定めのある契約社員の雇用契約が主流です。終身雇用は公務員以外ほとんどありません。変化の早い中国では働く方もそれを望んでいます。

フォーマル編

問合せ

見積り

注文

請求

クレーム

アポ

社内

出張

イベント

通知

求人・採用

ここがポイント！

採用通知の場合は具体的な手続きを案内する必要が出てきます。特に就労ビザは日本でも中国でも少し煩雑な手続きになりますので、箇条書きにするなどしっかりと案内したいところです。

标题： **录用通知**

尊敬的田中静香女士：

您好！很高兴地通知您，您已经通过了本公司的在线面试，**我们真诚地邀请您成为本公司的一员！**

鉴于您的外籍身份，您需要办妥工作签证等相关手续。具体流程如下：

1，公司即日起将在网上为您申请外国人来华工作许可，待审核通过后将会在线生成《外国人工作许可通知》。

2，您凭《外国人工作许可通知》及护照等，到中国驻日使领馆申请工作签证(Z visa)。申请时还需提交"签证申请书"和照片等，具体请遵照使领馆的要求。

3，在您入境中国后，公司即刻为您办理《外国人工作许可证》。您在入境后30日内，持《外国人工作许可证》等资料到公安机关申请办理《居留证》。我们希望您能在3月10日之前，办妥工作签证，4月1日正式入职我公司。

竭诚欢迎您加入本公司！

共商证券有限公司
人事部 负责人 张明

単語 Vocabulary

□**办妥** bàn tuǒ／きちんと手続きする □**凭～** píng ~／～に基づいて
□**遵照** zūnzhào／～に従う □**签证** qiānzhèng／ビザ

105 不採用の通知をする

定型表現 我方暂时无法向您提供合适的岗位。
ご意向に沿うことができず、不採用となりました。

件名： **採用試験結果のお知らせ**

安田　義男様

先日は弊社の採用試験にご応募いただき、ありがとうございました。

今回予想以上に応募者が多く、筆記試験や面接の成績、並びにその他の状況を踏まえ慎重に検討を重ねましたが、ご意向に沿うことができず、不採用となりました。ご了承いただけますようお願い申し上げます。

安田様のデータはすでに当社のヒューマンリソースデータベースに登録させていただきました。今後条件が合えば、優先的に考慮させていただきます。

ますますのご活躍を祈念申し上げます。

万発IT有限公司
人事部責任者　李　晴

🗨 中国ビジネスの豆知識！

中国ではこのように不採用になった場合でも、データベースに登録し、いつか採用する可能性を残しています。それは中国では競争に負けないように、企業同士だけでなく、都市同士でも優秀な人材争奪戦を繰り広げているためです。政府でも海外経験があるような優秀な人材を獲得するために戦略を策定しています。

⊕ ここがポイント！

不採用通知といえども、一定の礼儀を示す必要があります。"几经慎重讨论后，最终不得不遗憾地告诉您。"「慎重の上にも慎重に重ねて検討しましたが、残念なお知らせとなりました。」などと表現すると良いでしょう。

标题： **未录用通知**

安田义男先生：

非常感谢您应聘本公司！

此次应聘人员超出预计人数，我们综合考虑笔试、面试成绩以及其他方面的情况，几经慎重讨论后，最终不得不遗憾地告诉您，**我方暂时无法向您提供合适的岗位。**

您的资料已输入本公司人才储备库，今后如果条件合适，我们愿做适当考虑。

由衷希望您能继续关注本公司的发展。
祝事业顺利！

万发IT有限公司
人事部 负责人 李晴

単語 Vocabulary

□**暂时** zànshí ／ 現時点で
□**输入** shūrù ／ 入力する
□**储备库** chǔbèi kù ／ データベース
□**几经** jǐjīng ／ 幾度も経る

106 相手の近況をたずねる

 定型表現 最近一切可好?
最近いかがですか。

件名： **近頃どう？**

孫さん

明けましておめでとうございます。

中国を離れてからずっと会っていないので、あなたのことが気になってましたが、いかがお過ごしですか？

私は相変わらず本社で働いていますが、総務部に異動になりました。毎日電車で横浜と東京の間を往復しています。片道だいたい1時間ぐらいです。

昨日橋本明さんに会いました。まだ覚えていますか？ 十年前に橋本さんが北京に遊びに行ったとき、三日間ガイドをしてくれましたよね。

橋本さんもあなたのことをずっと覚えていて、昨日もあなたのことが話題になりましたよ。北京の時の話もたくさんしました。とっても懐かしいですね。

返信お待ちしております。

そういえば、wechatを使っていますか？ 私のwechatIDです。もし良かったら、友達に追加して下さい。

では。

岩崎　寛

📧 **中国ビジネスの豆知識！**

中国でも大都市での通勤時間が長くなっています。北京と上海では、平均通勤時間が片道50分とのことです。また、微信（wechat）というSNSは中国の国内外を問わず使えるので、公私問わずたくさん使われています。

ここがポイント！

メールだけのやり取りから一歩進んでWechatでの連絡がとりあえる仲になるというのは人脈を築く上で重要です。したがって、"这是我的微信号，方便的话加一下吧。"「私のwechatIDです。もし良かったら、友達に追加して下さい。」を積極的に使いましょう。

标题： **近来可好?**

小孙：
新年好！
自从离开中国后就一直没能见面，很惦记你，**一切可好?**

我现在还在总公司工作，但调到了总务部，每天坐电车往返于横滨和东京之间，单程大约1个小时。

昨天我遇见了桥本明，你还记得他吗？十年前他去北京玩的时候，你帮他做过三天导游。
他一直都记着你，昨天我们还一起聊到你，聊到北京的很多事，真是非常怀念那段日子。

期待你的回信。
对了，你用微信吗，这是我的微信号，方便的话加一下吧。
祝你工作顺利，生活愉快！

岩崎宽

単語 Vocabulary

□**新年好！** xīnnián hǎo ／あけましておめでとう！
□**惦记** diànjì ／気にかける、心配する　　□**单程** dānchéng ／片道
□**导游** dǎoyóu ／ガイド、旅行案内　　□**怀念** huáiniàn ／懐かしい、懐かしむ

107 自分の近況を伝える

定型表現 已从公司正式退休了。
正式に退社し、リタイアしました。

件名： **近況報告（安田純一）**

陸　明様

お久しぶりです。お元気ですか？
私は先月満65歳になり、雇用延長期間満了のため正式に退社し、リタイアしました。

本日以降、会社のメールアドレスは使えませんので、何かありましたら以下のプライベート携帯のメールアドレスに連絡をお願いします。
abc@def.gh
子どもたちは既に社会人となり、親元を離れて生活しています。ですので、今後は一人実家に戻り、母親の面倒を見るつもりです。
現在、母は認知症の症状があり、これまでは妹が母の面倒を見ていたので、今度は私が実家に戻り、思う存分親孝行します。

3月になり春めいて来ましたが、まだ寒い日もありますので、くれぐれもご自愛下さい。

安田　純一

💬 中国ビジネスの豆知識！

会社を退職すると会社のメールが使えなくなりますので、このようなお知らせはよくあります。しかし逆にそれまではプライベートなメールも会社のアドレスを使っていたことがわかります。中国ではプライベートと仕事の線引きが難しいので、ごくごく一般的なことです。

⊕ ここがポイント!

メールの最後に相手を気遣う文面を入れておくことは日本でも中国でも良くあります。"祝一切安好!"「すべてうまく行きますように」などを使えるようにしましょう。また、今までと異なるメールアドレスからメールを送ると、迷惑メールと誤解される可能性もあります。その場合、"来自安田纯一的问候"のように送信者の名前を件名に加えておくと安心ですね。

☒

标题: **近况(来自安田纯一的问候)**

陆明先生:

好久不见,最近好吗?
我上个月年满65岁,因雇佣延长期已到期,已从公司正式退休了。
从今天起我将不再使用公司的邮箱,这是我的私人手机邮箱,有事请联系。
abc@def.gh
儿女都已经开始工作,不需要我陪伴了,所以今后我准备一个人回老家照顾母亲。
她有老年认知障碍,之前都是我妹妹在照顾她,这次我准备回去尽尽孝道。

早春三月,乍暖还寒,请多多保重身体。祝一切安好!

安田纯一

単語 Vocabulary

☐ **退休** tuìxiū / 定年退職する、リタイアする
☐ **陪伴** péibàn / 付き添う
☐ **孝道** xiàodào / 親孝行
☐ **乍暖还寒** zhà nuǎn huán hán / 暖かくなったとは言え、まだ寒い

☐ **私人** sīrén / プライベートの
☐ **认知障碍** rèn zhī zhàng'ài / 認知症

108 学校のことを伝える

定型表現 我开始了在大学的留学生活。
大学での留学生活がスタートしました。

件名： **留学生活の近況報告**

劉先生

ご無沙汰しております。
先般は推薦状を書いていただき感謝申し上げます。現在すでに中国に到着し、**大学での留学生活をスタートしました。**
○○大学はさすがは中国の名門大学で、環境が素晴らしく、自分の中国語のレベルが急速にアップしている気がします。
ここでは授業が終わった後や夜にもたくさんの学生が教室で自習しており、勉強への熱意にあふれています。
9月のキャンパスはキンモクセイの香りが漂い、私はその中を散歩するのがとても好きです。
私が宿泊している留学生寮の宿舎はキャンパスまで徒歩2、3分で大変便利です。学校の食堂のご飯もとても気に入っていて、毎日おいしく食べています。

劉先生がこちらにいらっしゃることがありましたら必ず教えて下さい。キャンパスの中をご案内したいです。

どうかお身体にお気をつけください。
松田　和夫

📋 **中国ビジネスの豆知識！**

中国の大学はたいてい敷地内に学生寮があります。１部屋4〜8人の寮生活が基本の学生生活になります。外国人には留学生専用の寮が用意されています。なお、中国の新学期は9月からです。

标题： **关于留学生活近况的汇报**

尊敬的刘老师：

您好！
感谢您的推荐，现在我已经来到中国，**开始了在大学的留学生活。**
〇〇大学不愧是中国的著名学府，教学环境非常好，我感觉自己的中
文水平进步很快。
这里的教室在下课后或晚上也有很多学生自习，学习气氛非常浓郁。
9月的校园金桂飘香，我很喜欢在校园里漫步。
我居住的留学生宿舍离校园只需步行两三分钟，非常方便。
学校食堂的饭菜也很合我胃口，每天吃得都很香。

刘老师如果来这里，请一定告诉我，我会带老师参观我的校园。
祝老师身体健康！

松田和夫

単語 Vocabulary

□**学府** xuéfǔ ／ 大学、研究所
□**金桂** jīnguì ／ キンモクセイ "桂花"の美化語
□**合〜胃口** hé ~ wèikǒu ／ 〜の口に合う

□**浓郁** nóngyù ／ 濃い、盛ん
□**漫步** mànbù ／ そぞろ歩き
□**吃得香** chī de xiāng ／ おいしく食べる

109 仕事のことを伝える

定型 表現 有一事我想跟你商量一下。
実は一つ相談があります。

件名： **仕事のご相談**

王さん

お元気ですか？イギリスでの勉強と生活には慣れましたか？

実は一つ相談があります。 私が勤務する大学は今年の下半期に、教員3名をイギリスに派遣する予定です。イギリスでの中国語教育の現状及び今後のイギリスでの発展の可能性を調査するためです。いくつか現地の大学とコンタクトしていただき、受け入れの準備をしていただけませんでしょうか？

条件が合う学校があれば、将来それらの大学との交流や提携も視野に入れています。
ご検討いただけますでしょうか？ どんな形でもいいので、ご協力いただけますと助かります。

よろしくお願いいたします。

伊藤　暁雄

💬 中国ビジネスの豆知識！

中国ではプライベートと仕事の区別があいまいです。友人に対して仕事のお手伝いのお願いを頼むことも一般的です。ここで大事なのはバランスを取ることで、助けてもらったら、何かの形で借りを返す必要があります。
一方、仕事で知り合った方にも、プライベートのお願いができると言ったら微妙です。
十分な信用関係ができるまでは控えた方が無難のようです。

⊕ ここがポイント！

日本では頼みごとをする際に「よろしくお願いします。」で締めくくることがよくありますが、これに替わる中国語はありません。"如果你能提供任何帮助，我将感激不尽。"「どんな形でもいいので、ご協力いただけますと助かります。」という形で述べると良いでしょう。

$\times$

标题 :	合作考察事宜

小王：

你好！
在英国学习生活都还习惯吗?

有一事我想跟你商量一下，下半年我们大学准备安排三位教师去英国出差，考察一下那里中文教学的现状和发展可能性。你能帮着牵个线找几所大学负责接待一下吗?
如果合适的话，今后我们打算和这些大学进行对口交流与合作。
你先考虑一下这件事，好吗?
如果你能提供任何帮助，我将感激不尽。

顺祝安康！

伊藤晓雄

単語 Vocabulary

□**考察** kǎochá ／ 視察する
□**牵线** qiānxiàn ／ 線を繋ぐ、関係を仲介する
□**接待** jiēdài ／ 受け入れる、接待する

110 結婚式・披露宴への招待

定型表現 敬备喜宴，恭请阁下光临。
よろしければ披露宴にお越しください。

件名： **結婚式ご招待のお知らせ**

島津勝利様
2022年8月8日午前11時に田中英子と結婚式を執り行います。会場は目黒シティーホテル8階宴会会場です。ささやかな宴を設けておりますので、どうぞご臨席賜りますようお願い申し上げます。

件名： **結婚披露宴ご招待のお知らせ**

2022年6月6日、北京富都ホテルにて結婚式を執り行います。午後18:30ホテル3階の会場「梅花」にて○○様とご家族様をお待ちしております。結婚の証人になっていただきたいと思います。
王新と三田恵子が心よりお待ちしております。

中国ビジネスの豆知識！

中国ではご祝儀の相場はお付き合いの度合いや年齢層により数百元〜数千元とかなり開きがあります。なお、日本と同様で、縁起の良い金額は喜ばれます。中国人は偶数のほうが好きです。特に6（順調に）と8（末広がり）が人気です。例外的ですが、9は「末永く」という意味から縁起が良いとされています。

⊕ ここがポイント！

このような結婚式や披露宴への招待は、日本と同様に、中国でも書面にて"请柬"「招待状」を送るのが礼儀です。ここでは招待状に載せるメッセージのみをご紹介します。

标题： **结婚请柬**　　　　　　　　　　　　　　　　　　　　　　　　✕

兹定于2022年8月8日中午11点，在目黑都市饭店8层宴会厅，中岛勇人与田中英子举行结婚典礼，**敬备喜宴，恭请阁下光临**。

标题： **婚宴邀请函**　　　　　　　　　　　　　　　　　　　　　　✕

谨于2022年6月6日在北京富都酒店举行婚礼，下午18点30分，在酒店三楼梅花厅恭候您和家人出席，为我们见证！ 王新与三田惠子诚邀

単語 Vocabulary

□**喜宴** xǐyàn ／ 結婚披露宴
□**恭请** gōngqǐng ／ 謹んでお招きする
□**阁下** géxià／（相手への敬称として）閣下
□**恭候** gōnghòu ／ 謹んで待つ
□**诚邀** chéng yāo ／ 誠意を持ってお招きする

結婚式・披露宴への招待の返事

定型表現 到时一定前去会场祝福你们！／
无法出席，请您原谅。

会場でお祝いします。／
出席できず、申し訳ございません。

件名： 結婚式の招待状を頂戴しました

☒

ご結婚誠におめでとうございます！！ 結婚式の招待状を拝受いたしました。
当日会場に伺い、ぜひお祝いさせて下さいね。
いつまでもお幸せに！

件名： 結婚式の招待状を頂戴しました

☒

ご結婚おめでとうございます！！ ご招待をいただきまして、本当にありがとうございます。残念ながら、当日は出張の予定で出席できず、申し訳ございません。お二人への祝福の動画を用意して事前にお送りしますね。

ご結婚おめでとうございます。どうぞいつまでもお幸せに！

⊕ ここがポイント！

結婚式・披露宴への招待の返事の2パターン用意しました。上のパターンが出席、下のパターンが急遽欠席となった場合の文面です。本来は書面の「招待状」に返信すべきものですが、メールにてうれしい気持ちや参加の可否を事前にお伝えすることもあります。

☒

标题： **恭喜恭喜！**

恭喜你要结婚了！

谢谢你的邀请，请柬我已收到，**到时一定前去会场祝福你们！**

祝你们百年好合，白头偕老！

☒

标题： **恭喜结婚！**

恭喜你们喜结良缘！

非常感谢你们邀请我参加婚礼，但是由于当日在外地出差，**无法出席，请您原谅。** 我会给你们提前录一段祝福视频。

先在此祝你们新婚愉快，白头偕老！

単語 Vocabulary

□祝你们百年好合！ zhù nǐmen bǎinián hǎo hé!／いつまでもお幸せに！
□白头偕老 Báitóuxiélǎo／一緒に歳をとる
□请柬 qǐngjiǎn ／招待状　　　　　　　　□视频 shìpín ／動画

291

112 歓迎会への誘いと返事

定型表現 餐馆为新员工××举办欢迎会。
レストランで新入社員歓迎会を開きます。

☒

件名： **新入社員歓迎会のお知らせ**

王 紅様
お疲れ様です。来週金曜日(10月3日)の午後8時、敦煌餐館(四川路店)にて新入社員北山慧子のための歓迎会を開催します。歓迎会の後に、有志で近くのカラオケに行きたいとも考えております。参加のご意向を伺えますか?
今週の金曜日までに回答して下さい。よろしくお願いします。

販売部部長
上田 正三

☒

件名： **Re:新入社員歓迎会のお知らせ**

上田部長
お疲れ様です。
新入社員歓迎会のメールを拝受しました。喜んで歓迎会に参加させていただきます。でもカラオケは時間の関係上、行けないかもしれません。

来週の金曜日を楽しみにしております。
王 紅

▤ 中国ビジネスの豆知識！

会社主催のこのような歓迎会はありますが、日本よりも頻度が低いかもしれません。中国ではプライベートの食事会や飲み会を大事にする傾向があります。

⊕ ここがポイント！

歓迎会への誘いのメールとそれに対する返信のメールです。相手から特に要望がない限り、返信する際にはそのまま「Re：」にしても問題ありません。回答を単刀直入に要件のみを述べれば良いでしょう。

☒

标题：　**新员工欢迎会通知**

王红
你好！
下周五（10月3日）晚上8点，本科室将在敦煌餐馆（四川路店）为新员工北山慧子举办欢迎会。欢迎会之后，有意者还可去附近唱卡拉OK。
不知你当晚能否参加？
请在本周五之前给予答复，谢谢！

销售部部长
上田正三

☒

标题：　**Re:新员工欢迎会通知**

上田部长，你好！
关于新员工欢迎会的邮件我已收到，我很高兴出席欢迎会，但是卡拉OK因为时间问题可能无法参加。
期待下个周五欢聚！

王红

単語 Vocabulary

□有意者 yǒuyì zhě ／ 有志　　□欢聚 huānjù ／ 楽しく集まる

イベントへの誘い

定型表現 公司将于2022年2月20日举办年会。
2022年2月20日に新年会を開催いたします

件名： **新年会のお知らせ**

従業員の皆様

2022年の春節を迎えるに当たり、ますますご健勝のこととお慶び申し上げます。今年一年間の皆様の会社に対する貢献への感謝として、**2022年2月20日に新年会を開催致します**。詳細については下記の通りお知らせいたします。

1. 日時：2022年2月20日（土）16:00-20:00
（準備作業の担当者は14:00入場、その他の参加者は定刻に入場して下さい。）
2. 場所：長江飯店多目的ホール
3. 内容：総経理のスピーチ、各種出し物、抽選会およびビュッフェ形式の食事会。1名または2名まで家族を帯同することが可能。家族帯同の場合は2月15日までに続柄および氏名を会社総務部に連絡して下さい。
各種出し物については奮ってご参加下さい。皆様の多才ぶりを是非披露し、新年会の楽しい雰囲気を盛り上げて下さい。

皆様の積極的なご参加とご協力をお待ちしております。

福清科学技術有限公司

📝 **中国ビジネスの豆知識！**

中国では春節を境に年が変わると考えます。家族で過ごす大晦日を例にしても、日本人は除夜の鐘に耳を傾け静かに穏やかに過ごすことに対して、中国人は爆竹を鳴らしてにぎやかで華やかに過ごします。

⊕ ここがポイント！

イベントへのお誘いのメールです。"欢迎大家积极参加。"「皆様の積極的なご参加をお待ちしております。」などを付け加えると良いでしょう。

☒

标题：	**关于召开新年会的通知**

各位员工：

2022年春节即将来临，在此先预祝大家新年愉快！
为感谢大家在过去一年里为公司做出的贡献，**公司将于2022年2月20日举办年会**，现将年会相关事宜通知如下：
1.时间：2022年2月20日（星期六）下午16:00-20:00
　　　　请筹备工作人员14:00入场，其他人员准时到场。
2.地点：长江大酒店多功能厅
3.内容：领导讲话、文娱节目、抽奖活动和自助餐。可带1至2名家属，拟带家属者请于2月15日之前将家属关系和姓名报给公司总务部。
欢迎大家踊跃报名参加文娱节目，展示才艺，增加年会的欢乐气氛！

望大家积极配合和支持！
特此通知

福清科技有限公司

単語 Vocabulary

□**预祝** yùzhù ／ 前倒ししてお祝いする　　□**年会** niánhuì ／ 年次大会、年次総会
□**筹备** chóubèi ／ 準備　　　　　　　　□**准时** zhǔnshí ／ 時間通りに
□**抽奖** chōujiǎng ／ 抽選　　　　　　　□**家属** jiāshǔ ／ 家族
□**踊跃** yǒngyuè ／奮って、積極的に

114 婚約・結婚のお知らせ

定型表現 我和山本決定結婚啦！
山本さんと結婚することになりました!

件名： **結婚のお知らせ**

黄　紅様

ご無沙汰しておりますが、いかがお過ごしですか。

良いお知らせがあります！ 山本さんと結婚することになりました！ 先週、区役所に婚姻届を提出したばかりです。

結婚後、私の苗字は山本となりますが、これまでどおり松本と呼んでも大丈夫ですよ。

結婚後も仕事を続けることにしました。今の仕事に就くのは大変でしたし、それにとても気に入っています。山本さんは転職するかもしれません。今の仕事は残業が多すぎて、家のことを顧みる暇がないからです。

今ちょうど結婚式の準備をしています。具体的な日程が決まったらお知らせします。ご参加いただけるとうれしいです。

ではまた。

松本 佑子

🗨 **中国ビジネスの豆知識！**

中国では夫婦別姓となっており、結婚後も苗字が変わることはありません。結婚も結婚証明書の取得が必須です。

⊕ ここがポイント！

結婚のお知らせメールです。"上周刚去区政府提交了结婚申请表。"「先週区役所に婚姻届を提出したばかりです。」などの表現も使えるようにしましょう。

标题： **结婚通知**　　　　　　　　　　　　　　　　　　　　　　　　　　✕

黄红：

好久不见！近来可好？
告诉你一个好消息，**我和山本决定结婚啦！**上周刚去区政府提交了结婚申请表。
结婚以后，我的姓就变成"山本"了，不过你可以继续叫我"松本"哦。
婚后我决定继续上班，因为现在这份工作来之不易，我也挺喜欢的。
山本有可能会换一份工作，他现在的工作加班太多了，实在顾不了家。
现在我们正在筹办婚礼，等具体日程定下来了就通知你。衷心希望届时你能出席！
先写到这里，祝好！

松本佑子

単語 Vocabulary

□结婚申请表 jiéhūn shēnqǐng biǎo／婚姻届
□来之不易 lái zhī búyì／得ることが容易ではない
□顾不了 gùbuliǎo／かまう余裕がない

□筹办 chóubàn／行う準備をする
□届时 jièshí／そのとき
□衷心 zhōngxīn／心から

115 婚約・結婚のお知らせに対する返信

定型表現 你们的喜酒我是一定要喝的！
お祝いのお酒を必ず飲みに行きます!

件名：	ご結婚おめでとうございます!

松本　佑子様

結婚のお知らせ、ありがとうございます! ほんとうに嬉しいです! ご結婚おめでとうございます! そしていつまでもお幸せに!
あなたも山本さんもどちらも私の長年の親友なので、お祝いのお酒を必ず飲みに行きます!
先に私からの祝福を送ります。結婚式を楽しみにしています。

黄紅

⊕ ここがポイント！

結婚のお知らせに対する返信メールです。気持ちを表すために"！"をいっぱい
使いましょう。

☒

标题： **恭喜你们喜结良缘！**

松本佑子：

听到你的好消息，我实在太高兴了！祝你们新婚快乐，百年好合！
你和山本都是我多年的好朋友，**你们的喜酒我是一定要喝的！**
先送上我的祝福，期待你们的婚礼！

黄红

単語 Vocabulary

□喜酒 xǐjiǔ／婚礼の祝いの酒
□送上～的祝福 sòngshàng ~de zhùfú／～からの祝福の言葉を送る

116 お祝い

定型表現 获悉贵公司上市，甚感欣喜，特此衷心祝贺！
貴社が上場するとのお知らせを受け、心よりお喜び
申し上げ、ご祝福いたします。

✕

件名： **ご上場お祝い申し上げます**

上海時美コンサルティング公司
李　嘉恵様

ますますご隆昌のこととお喜び申し上げます。
貴社が間もなくアメリカナスダック証券取引所に上場するとのお知らせを拝受
し、心よりお喜び申し上げ、祝福申し上げます。貴社の事業がますます繁栄さ
れることを祈念申し上げます。

三村デザイン株式会社
三村　萌絵

💬 中国ビジネスの豆知識！

"更上一層楼"とは有名な漢詩《登鸛雀楼》(王之渙作)の一節で向上心の強い中国人が大好
きな表現です。この漢詩を暗唱すると宴会の席で拍手喝采になること間違いないでしょう。

⊕ ここがポイント！

上場を祝うメールです。少しフォーマルな表現を使うと良いでしょう。

标题：　**关于上海时美咨询公司成功上市的祝贺函**　✕

上海时美咨询公司
李嘉惠女士：

获悉贵公司即将在美国纳斯达克证券交易市场上市，甚感欣喜，特此衷心祝贺，祝愿贵公司事业更上一层楼！

顺祝商祺！

三村设计株式会社
三村萌绘

単語 Vocabulary

□**纳斯达克** nà sī dá kè ／（米証券取引所）ナスダック
□**甚** shén ／とても
□**欣喜** xīnxǐ ／喜ぶ

117 入学・卒業について知らせる

定型表現 我于今年3月从××大学毕业。
今年3月に××大学を卒業しました。

×

件名： 近況報告

黎明叔父様

お久しぶりです。お仕事でお忙しくされていらっしゃるかと思います。
私の近況をご報告させてください。
今年3月に華東学院大学を卒業し、浦東大学ビジネススクールMBAコースを受験し、合格しました。今後また二年間の学生を続けます。

MBAを志望する主な動機は以前からの夢である起業をしたいからです。ビジネススクールでは教員のレベルが一流であるだけではなく、多くのビジネス界のエリートがここに来て学問を深める勉強をしています。なので、いろいろな人と知り合い、人脈を作るのにとても良い機会だと思います。
確かに学費は高いのですが、それだけの価値があると思います。また自分の将来への投資だと思っています。この二年間は勉強しながらアルバイトをし、社会経験を積むことができます。
黎おじさんも自分で創業して、事業もどんどん大きくなっていますね。機会があれば、ぜひお話を伺いたいです。
今日はこのへんで。
ご一家の皆様のご健康ご発展を心からお祈り申し上げます。

有川　夏生

💬 **中国ビジネスの豆知識！**

中国では親戚づきあいは非常に大事です。常に連絡を取り合い、情報交換しながら関係を維持して、強化していく必要があります。

⊕ ここがポイント！

親戚づきあいを維持するためのメールのやりとりは親しみを込めて、相手との共通点を述べると良いでしょう。ここでは"您拥有丰富的创业经验，事业上取得了成功，有机会很想去拜访您，当面向您取经！"と述べています。

標題： **近况汇报**

黎明叔叔，
您好！
好久没见，您工作一定很忙吧。

报告一下我的近况。
我已于今年3月从华东学院大学毕业。之后报考了浦东大学商学院MBA课程并被录取，接下来将继续当两年学生。我报考MBA的主要动机是打算日后自己创业，这是我一直以来的梦想。商学院不仅教师水平一流，还有很多商界精英来这里深造学习，我认为这是一个结识人才，增加人脉的大好机会。
所以虽然收费昂贵，我还是觉得很值得，也算是为自己将来的投资吧。这两年我会一边学习一边打工，也可以了解社会。

您拥有丰富的创业经验，事业上取得了成功，有机会很想去拜访您，当面向您取经！
今天先写到这里，祝叔叔身体健康，事业兴旺，全家幸福！

有川夏生

単語 Vocabulary

☐ **录取** lùqǔ ／ 採用する
☐ **深造** shēnzào ／ 深く研究する
☐ **昂贵** ángguì ／ 価格が高い
☐ **精英** jīngyīng ／ エリート
☐ **结识** jiéshì ／ 知り合いになる

118 就職・仕事について知らせる

定型表現 我已经拿到了××公司的内定
××会社の内定を得ることができました。

件名： 卒業後の進路について

李先生
ご無沙汰いたしておりますが、お元気でお過ごしのことと存じます。

まずはうれしいお知らせがあります。××社の内定を得ることが出来ました。
この4月から私も社会人になります。
中国に3年間留学し、また日本に帰国した後も3年間苦学してきましたが、これでやっと一息つくことができます。

留学期間中は先生には大変お世話になり、就職に関する実用的なアドバイスもたくさん頂きました。
××社での主な担当は製品設計と中国市場のマーケティングですが、その前に3ヶ月間の研修があります。マーケティングは在学中の主専攻で、先生からたくさん教わった部分でもあり、大いに役に立つと考えております。自分の強みを発揮し、できるだけ早くより多くの新しい知識を吸収したいです。

改めて先生に感謝申し上げます。今後中国を訪れる機会ができたら必ずご挨拶に伺います。
どうかお元気でお過ごし下さい。

荒川　光太

🗨 中国ビジネスの豆知識！

師弟関係は、日本よりも重視される傾向にあります。

⊕ ここがポイント！

恩師に内定獲得のお知らせをするメールです。世話になったお礼とともに、"有机会去中国时一定登门拜访。祝老师身体健康，万事如意。"「中国を訪問する機会があったら必ずご挨拶に伺います。どうかお元気でお過ごし下さい。」を最後に加えると良いでしょう。

✕

标题：　**关于毕业去向的汇报**

李老师：
好久未见！老师身体可好？

首先高兴地告诉老师一个好消息，我已经拿到了××公司的录取通知，这个4月就要开始工作了！！
在中国留学3年，回到日本又苦学3年，这下总算是一块石头落了地。

谢谢老师在我留学期间一直关心我，还给了我很多很实用的求职建议。我在××公司主要是负责产品设计和中国市场营销，上岗前会有3个月的培训期。市场营销是我上大学时的主攻专业，从老师那里受益匪浅。我希望能学以致用，发挥自己的强项，同时也尽快吸收更多新的知识。

再次谢谢老师！今后有机会去中国时一定登门拜访。
祝老师身体健康，万事如意。

荒川光太

単語 Vocabulary

□**一块石头落地** yíkuài shítou luòdì ／肩の荷が下りる、ほっとする
□**上岗** shànggǎng ／職場に配属される
□**受益匪浅** shòuyì fěi qiǎn ／得るものが多い
□**学以致用** xué yǐzhì yòng ／学んだことを実際に役立てる

定型表現 我特意从无锡本地买了一些水蜜桃给您寄过去。
わざわざ無錫から桃を購入しお送りいたしました。

件名： **お見舞い**

李　祥民部長

お世話になっております。
先ほど販売部の小林から李部長が入院されたと伺いました。大変心配しております。心からお見舞い申し上げます。

桃がお好きと伺いましたので、無錫から桃を購入しお送りいたしました。気持ちばかりですが、どうぞご笑納下さい。

仕事面においては何かありましたら遠慮なく私か小林にお申し付け下さい。そちらの部署の担当者とうまく協力して進めて参りますので、どうか安心して療養して下さい。

もしよろしければ、入院先をお知らせいただけますでしょうか？　小林と一緒にお見舞いに伺いたいと思っております。
一日も早いご回復をお祈りいたします。

布施　陸雄

⊕ ここがポイント！

例文のように「特意/专程」を必ず使わないとダメというわけではありませんが、"我今天出差，顺便过来看看你。"「今日は出張のついでに寄ります。」のような表現はタブーです。「ついでに」とは日本語では相手に負担をかけない思いやりのある表現ですが、中国語では自分が大事にされていないと思われてしまいがちです。

✕

標題： **问候和住院探望事宜**

李祥民部长：
您好！

刚刚从公司销售部小林处获知您住院治疗的消息，我们非常挂念，谨向您表示亲切的慰问。

听说您喜欢吃桃子，**我特意从无锡本地买了一些水蜜桃给您寄过去，**小小心意，还望笑纳。

您安心养病，工作上有什么事就尽管吩咐我或小林，我们会和您那里的工作人员做好沟通协调。

如果方便的话，可否告知住院部地址？我和小林想专程去探望您。
祝您早日康复！

布施陆雄

単語 Vocabulary

☐ **获知** huòzhī ／ 聞き及ぶ、知らせを受ける   ☐ **挂念** guàniàn ／ 心配する
☐ **心意** xīnyì ／ 気持ち   ☐ **养病** yǎngbìng ／ 病気を療養する
☐ **吩咐** fēnfù ／ 指示する   ☐ **康复** kāngfù ／ 健康を回復する

120 お見舞いのお礼

| 定型表現 | 我已收到您的问候，也收到了您发来的美味水蜜桃。
ご挨拶のメールとおいしい桃をいただきました。 |

件名： **お見舞いの御礼**

布施部長
ご連絡ありがとうございます。

お見舞いをいただき、また宅配便で送っていただいた美味しい桃も届きました。
お心遣いをいただき、恐縮しております。

実は久しく病気になっていなかったので、今回の入院は自分でも思いもしないことでした。仕事面ではいろいろとご面倒をおかけしていることかと思います。
本当に申し訳ございません。
今はかなり回復し、早ければ今週中にも退院できるという話です。ですので、どうかお見舞いのお気遣いはなさらないで下さい。退院したら、必ずこちらからご連絡差し上げます。

現在検討中の新しいプロジェクトがあり、ぜひご意見も伺いたいところです。
布施部長のお心遣いに重ねて感謝申し上げます。

李　祥民

📋 中国ビジネスの豆知識！

中国では仕事とプライベートの境目がはっきりしません。
人脈を構築するために、プライベートの付き合いをするのも一般的です。

⊕ ここがポイント！

お見舞いのお礼メールです。"让您这样费心，我实在过意不去。"「お心遣いを頂き、恐縮しております。」はこのような場面にぴったりの表現です。

✕

标题：　**感谢您的关心和问候！**

布施部长：
您好！

我已收到您的问候，也收到了您快递来的美味水蜜桃，让您这样费心，我实在过意不去。

我真是好久没生病了，这次住院自己也是万万没有料到，工作上一定给您添了很多麻烦，真是抱歉！

我现在恢复得还不错，医院最快这个星期就可以出院了，所以不用您特意来探望了，等我出院之后，我一定主动联系您！
现在有个新的项目正在酝酿，也很想听听您的意见。

再次感谢您的关心，祝好！
李祥民

単語 Vocabulary

□**问候** wènhòu ／ 挨拶する、ご機嫌を伺う　　　　□**费心** fèixīn ／ 心配する
□**过意不去** guòyìbuqù ／ 申し訳が立たない
□**酝酿** yùnniàng ／（"醸造する"から転じて）ゆっくり考える

定型表現 谢谢您寄来的中国茶和月饼。
中国茶と月餅をお送りいただき、ありがとうございます。

✕

件名： 贈り物の御礼

李さん

中国茶と月餅をお送りいただき、ありがとうございます。また年に一度の中秋節になりましたね。そちらも楽しく家族団らんの中秋節になることを祈っています。

お茶と月餅は同僚と一緒においしくいただいております。このところ毎日午後3時になると仕事を中断して、お茶を飲み月餅を味わい、中国のことを話していますが、とても楽しいです。

中国の月餅は日本ではなかなかない味がありますね。特に中のココナッツや蓮の実、アヒルの卵の黄身などは同僚にとっては初めて食べるもので、とても新鮮だと言っています。中国に行ったことがある人、たとえば私などは中国が恋しくなり、機会があったらまた出張したいなあと思ってしまいます。
またお会いするのを楽しみにしています。

田村　瞳

📋 中国ビジネスの豆知識！

お歳暮とお中元は中国にない習慣です。その代わりに中国では中秋節に学生から先生へ、取引先や親戚や友人に月餅を贈る習慣があります。包装がきれいになり、味も以前ほど重くないので、日本人にも受け入れられています。

⊕ ここがポイント！

贈り物に対するお礼メールです。"也祝你中秋愉快，阖家欢乐！"「あなたにとっても楽しい家族団らんの中秋節になることを祈っています。」をぜひ加えましょう。

✕

标题： **谢谢你送的礼物！**

小李：

谢谢你寄来的中国茶和月饼。 又到一年月圆时，也祝你中秋愉快，阖家欢乐！

茶叶和月饼我已分享给同事。现在，每到下午三点，我们都会暂停工作，品茶尝点心，聊聊中国的事情，非常开心。

中国的月饼日本这里很少见，特别是里面放的椰丝、莲蓉、鸭蛋黄，很多同事是第一次品尝，觉得非常新鲜；而去过中国的人，比如我，开始怀恋中国，希望能有机会再去出差。
期待下次重逢！

田村瞳

単語 Vocabulary

□阖家 hé jiā ／一家全員
□椰丝 yē sī ／ココナッツ餡
□鸭蛋黄 yādàn huáng ／アヒルの卵の黄身
□重逢 chóngféng ／再び会う

□分享 fēnxiǎng ／シェアする、分け合う
□莲蓉 lián róng ／蓮の実をすりつぶした餡
□怀恋 huáiliàn ／懐かしむ

311

122 助言を求める

定型表現 以上问题麻烦你有空的时候回复一下。
お時間あるときにご回答いただければ幸いです。

件名： **翻訳ソフトに関するアドバイス** ✕

王さん

ご無沙汰いたしておりますが、お元気でしょうか？
王さんはずっと翻訳ソフトを使用していると聞きましたが、もし可能なら、ちょっと教えていただきたいと思います。
当社では最近中国語から日本語への翻訳業務が増加しており、翻訳ソフトを購入することを検討しています。ただ、ネット上には余りにも多くの翻訳ソフトがあり、有名なものだけでも３、４社あります。例えばA社、B社とC社のうち、王さんはどの会社のものを使っていますか？ 使い勝手はいかがですか？
価格は大体どのぐらいでしたか？サイト上に載っている価格以外に、ほかの費用は発生していませんか？
お時間あるときにご回答いただければ幸いです。よろしくお願いします。

風間　英樹

💬 中国ビジネスの豆知識！

中国では、プライベートで付き合いのある友人・知人に仕事上で発生した問題に対する助言を求めることはよくあります。
また、友人・知人に仕事を依頼することも多いです。

近況

誘う

報告

見舞・お礼

助言

通知

依頼

⊕ ここがポイント!

仕事の助言を求める場合、定型表現以外にも"想就此请教一下。"「ちょっと教えていただきたいと思います。」などの表現が有用です。

标题： **关于翻译软件的请教**

小王

好久没见，近来可好？

听说你一直在使用翻译软件，所以想就此请教一下。

我们公司最近中日翻译工作增多，也在考虑购买翻译软件，但是网上有太多翻译软件，光是知名的就有三四家、比如A、B、C，请问你用的是哪一家？使用感觉如何？

价格大概是多少？除了主页上写的价格以外，还有其他收费吗？

以上问题麻烦你有空的时候回复一下，好吗？谢谢了！

风间英树

単語 Vocabulary

□软件 ruǎnjiàn ／ ソフトウェア
□主页 zhǔyè ／ ホームページ

助言・提案をする

定型表現 你若感兴趣可以进一步咨询〇〇公司。
興味があれば〇〇会社に直接問い合わせてみるのが
よいと思います。

件名： **翻訳ソフトのご提案**

風間　英樹　様

お久しぶりです。前回お会いしたのは一年前ですが、時間が経つのは早いですね。

さて、今私が使っているのはA社の製品です。初期費用として××元を支払った以外は、その他の費用はありません。4、5年使ってみましたが、なかなかいいと思います。特に用語の統一という部分ではとても便利で、原稿と関連資料をインポートするだけで自動的に訳語を提示してくれるので、翻訳の効率がとても良く、品質の保証もできます。
価格面から言えば、BとCの二社の製品とは大差はないらしいですが、相対的に言えばA社の製品は中国語環境のサポートがより優れているようです。

仕事で中国語の翻訳だけに使うなら、Aを推薦します。ですが、英語の翻訳もする場合にはCを使っている人が多いようです。**興味があれば翻訳ソフト会社に直接問い合わせてみるのがよいと思います。**

取り急ぎご返信まで。わからないことがありましたら、いつでも連絡してくださいね。
王　建

⊕ ここがポイント！

助言や提案を行うメールではアドバイスをした後に"有不清楚的地方随时联系！"「わからないことがありましたら、いつでも連絡してください。」を付け加えると親切です。

☒

标题：	**关于翻译软件的建议**

风间：
你好！上次见你还是一年前，时间过得真快啊！

我现在正在使用的是A公司的产品，一次性付费××元，没有其他收费了。已使用了4、5年，觉得还不错，主要是在用词统一方面非常方便，只要把原稿和相关资料导入，就可以自动提示，翻译起来效率很高，还能保证质量。
价格方面，据说和B、C两家公司的产品差不多。
相对而言，A对中文的支持更好一些。

如果你的工作只需要中文翻译的话，我推荐A。但是如果有英语翻译需求的话，听说使用C的人比较多。**你若感兴趣可以进一步咨询翻译软件公司。**

有不清楚的地方随时联系！

王建

単語 Vocabulary

☐**导入** dǎorù ／インポート
☐**若** ruò ／もし…ならば
☐**咨询** zīxún ／問い合わせする

124 注意・忠告をする

定型表現 请你在收到本邮件后一周之内前来人事部补办申报手续。
本メールを受け取ってから一週間以内に人事部に来て
申告手続きをしてください。

件名： **副業申請について**

蘇　文　様

お疲れ様です。
人事部の岡島由花です。
蘇さんが現在週末自宅で別会社の仕事をしているという話を聞きました。
当社では副業を許可しており、その点は問題ありませんが、副業をする際には
事前に申請する必要があると規定しています。具体的な内容については会社の
管理規程をご覧下さい。
もし副業をされている場合は、本メールを受け取ってから一週間以内に人事部
に来て申告手続きをしてください。副業をされていない場合でも、実際の状況
についてご連絡下さい。
よろしくお願いします。

人事部　岡島　由花

📋 中国ビジネスの豆知識！

ホウレンソウへの意識に温度差があります。意図的に知らせたくないなら別ですが、中国人は依頼されたことをうまくこなせばいい、結果さえ出せばいいと考えがちです。細かく過程や事情を他人に報告するという意識が薄いです。
注意をする場合は、相手のプライドを傷つけないようにしながら、理由をはっきりと伝えるのが良いでしょう。

⊕ ここがポイント！

注意や忠告をするメールの事例です。感情的にならず、冷静にどのような問題が発生したのか、どのようにすれば良いのかを明確に相手に示します。

近況

誘う

報告

見舞・お礼

助言

通知

依頼

標題： **关于副业申请报备事宜**

苏文：

你好。
我是人事部的冈岛由花。
听人反映你现在周末在家做别的公司的工作。

公司是允许副业的，这点没有问题，但是公司同时也规定了做副业必须提前申报。具体请查阅公司管理规程。

如果做副业情况属实，**请你在收到本邮件后一周之内前来人事部补办申报手续。**如果不属实，也请联系我澄清事实。
谢谢你的配合！！

人事部 冈岛由花

単語 Vocabulary

□**允许** yǔnxǔ ／ 許可する　　　　　　□**申报** shēnbào ／ 申告、報告する
□**查阅** cháyuè ／（書類を）調べる　　　□**补办** bǔbàn ／ 手続きを補う
□**澄清** chéngqīng ／ 誤解を晴らす、はっきりさせる

125

失敗した人を励ます

定型表現 年轻人不怕失败，就怕缩手缩脚什么也不敢做。
若者にとって恐ろしいのは失敗ではなく、失敗を恐れて
何もしないことです。

件名： **入札に関する業務報告の件について**

李さん
作成してくれた業務報告を拝見しました。
今回の工事の入札について、李さん率いるチームが全力で取り組んでくれましたが、実現できませんでしたね。とても残念です。

業務報告の中で失敗の原因について分析し、今後の入札業務についていくつか提案をしてくれていますが、的を得ていると思います。来週の各部門の合同会議において詳細の報告をお願いしたいと思います。一部の問題は確かに各部門の協力を得る必要があります。

若者にとって恐ろしいのは失敗ではなく、失敗を恐れて何もしないことです。
李さんの理性的な考え方とそれを実践しようという気持ちは素晴らしいと思います。

今週金曜日の昼、もし良ければビジネスランチを食べながら話しましょう。

マーケティング部
中原　紗也華

📝 **中国ビジネスの豆知識！**

上司として部下を導き、励まし、心配し、面倒を見るのは中国でも同じです。特に中国では、日本よりも部下の体調や家族、プライベートにも気を配る傾向があります。

⊕ ここがポイント！

励ましのメールによって失敗の原因と今後の対策を本人に考えさせることができればなお良いですね。定型表現をぜひ使いましょう。

	✕
标题：	**关于投标工作报告**

小李，
你写的工作报告已阅。
此次工程投标，你带领的团队尽了力却未能如愿，实属遗憾。

你在报告中分析了失败原因，并对今后的投标工作提出了若干建议，
我觉得写得很中肯，也请你在下周一的跨部门工作会议上做详细陈述。
有些问题确实需要各部门加强合作。

年轻人不怕失败，就怕缩手缩脚什么也不敢做，我看好你的理性思维
和实践精神。

这个周五中午如果方便，可以一起吃个工作餐。

营销部
中原纱也华

単語 Vocabulary

□**投标** tóubiāo ／入札
□**中肯** zhòngkěn ／要点をついている
□**看好** kànhǎo ／評価する、期待する
□**思维** sīwéi ／考え方

□**未能如愿** wèi néng rúyuàn ／願い通りにならない
　□**陈述** chénshù ／述べる、報告する

126

文字化けを伝える

定型表現 邮件正文有好几处是乱码，无法辨识。

メールの本文は何か所か文字化けしており、で読めません。

✕
件名： メール文字化けのため、ご再送ください

上海理工学院
外国語学院
董　友　様

お世話になります。
先ほどお送りいただきましたメールの本文が何か所か文字化けしており、読めません。再送して頂けますでしょうか。フォントを変更したり、またはワードファイルで送ってみていただけますか？
ご面倒をおかけいたします。

東京明智大学
中国語学科
阿部　南

⊕ ここがポイント！

文字化けすることが以前より減ったとはいえ、まだ時々発生します。そのため、メールの件名や添付ファイルのファイル名は英文にしておくと無難です。"麻烦你重新发送一遍"「お手数ですが再送お願いします。」も使える表現です。

✕

标题： **邮件乱码请重发**

上海理工学院
外语学院
董友

你好！
你刚才发过来的**邮件**正文是乱码，无法**辨识**。
你能重新发送一遍吗，试试更换字体或使用Word文本？
麻烦你了！

东京明智大学
中文系
阿部南

単語 Vocabulary

□**乱码** luànmǎ ／ 文字化け　　　　□**辨识** biànshí ／ 識別する
□**字体** zìtǐ ／ フォント　　　　　□**文本** wénběn ／ バージョン、テキスト

127 添付ファイルが読めない・開けない

定型表現 附件总是打不开。
添付ファイルがどうしても開けません。

✕

件名： 添付ファイルが開けません

三達電子研究所
研修課
金城　修一　様

お世話になっております。
昨夜お送りいただきましたメールを拝受いたしました。今回のセミナーにとても関心があり、是非参加させていただきたいと思います。
理由がわからないのですが、添付ファイルがどうしても開けません。ご面倒をおかけしますが、再送していただけますでしょうか。
よろしくお願いします。

東方パソコン有限公司
メンテナンスチーム　張　忠

⊕ ここがポイント！

添付ファイルが開けない時に相手に再送をお願いするメールです。ちなみに「ファイルが添付されていません。再送お願いします。」は"本邮件没有附件，请重新发送。"と表現します。

×

标题： **附件打不开**

三达电子研究所
研修科
金城修一先生：

您昨天晚上发来的邮件我收到了，我对你们举办的这次讲座非常感兴趣，很愿意参加！
但是不知为何，**附件总是打不开，能否麻烦您再发送一遍？**
谢谢！

东方电脑有限公司
维修班 张忠

単語 Vocabulary

□为何 wèihé ／なぜ（"为什么"の書き言葉）

128 引っ越しを伝える

定型表現 我最近刚刚搬了家，从东京搬到了镰仓。
最近引っ越しまして、東京から鎌倉に移り住みました。

	✕
件名： **引越しのお知らせ**	

美さん

こんにちは。前回お会いしたときからあっという間に1年経ってしまいましたね。
お元気でしょうか？
最近引っ越しまして東京から鎌倉に移り住みました。
鎌倉は静かな小さな町で、山あり海ありそして史跡がたくさんあり、私はここがとても気に入りました。
次回日本にお越しの際には是非我が家に来てくださいね。鎌倉をご案内いたします。新しい住所は以下の通りです。
新住所：神奈川県鎌倉市雪の下3-8-88
ではでは。

藤田

💬 中国ビジネスの豆知識！

引っ越しのお知らせの際に必ず使うフレーズ「お近くにお越しの際はぜひお立ち寄り下さい。」は日本では社交辞令ですが、中国では人間関係が濃いために本気で来てほしいと思っていることが多いです。

⊕ ここがポイント！

引っ越しのお知らせでよくある表現として"下次你来日本的时候，欢迎你到我的新家做客。"「次回、日本にお越しの際に是非我が家に来てくださいね。」があります。また、親しい間柄や社内でのメールでは宛名の後ろに「：」でなく、「，」を使ったり、なにも使わなかったりするケースも多いです。

标题：　**欢迎来我的新家**

小美，

你好！转眼离我们上次见面已经过去了一年，你还好吗？
我最近刚刚搬了家，从东京搬到了镰仓。
镰仓是一座安静的小城，有山有海还有很多历史古迹，我很喜欢这里。
下次你来日本的时候，欢迎你到我的新家做客，我带你逛逛镰仓！
新家的地址是如下：
新地址：神奈川县镰仓市雪之下3-8-88
祝一切安好！

藤田

単語 Vocabulary

□**转眼** zhuǎnyǎn ／ あっという間に
□**安静** ānjìng ／ 静かな
□**历史古迹** lìshǐ gǔjì ／ 歴史的な遺跡

相手にお願いをする

定型表現 能否推荐两三名具有代表性的员工?
2、3名の代表的な従業員を推薦していただけませんか。

×

件名： **従業員代表推薦のお願い**

人事部
劉様

お疲れ様です。
私ども広報部では来年度の会社案内の準備を行っております。そのうち約2ページは、各部署の従業員の代表を紹介するという内容です。つきましては、人事部から各部署に連絡をし、それぞれに2、3名の代表的な従業員を推薦していただけませんか。

こちらの要望としては健康的で表現力があって、また一定の業績を有している人物が理想的です。締め切りは来月15日です。

何かご不明な点がありましたらご連絡ください。
以上、よろしくお願いいたします。

広告部
佐藤　正道

⊕ ここがポイント！

社内の業務を相手にお願いするメールを想定しています。仕事の締め切りを明確にしておくのが一般的です。ここでは"截止时间是下个月15号。"「締め切りは来月15日です。」と表現します。「お疲れさまは」は中国語に直訳すると"辛苦了"になりますが、"辛苦了"は普段のあいさつには使われません。少し大変な状況に対して、労をねぎらう時にのみ使われます。

标题： **请求推荐各部门员工代表事宜**

人事部 小刘

你好！
我们广告部正在筹备下一年度的公司宣传册，其中有两页左右的内容用来介绍各个部门的员工代表，所以能否拜托人事部联系各个部门，**能否推荐两三名具有代表性的员工？**

对员工的大致要求是，形象健康、善于表达，有一定的业绩。
截止时间是下个月15号。

如有不明白的地方，请随时联系我。
谢谢！

广告部
佐藤正道

単語 Vocabulary

□**广告部** guǎnggàobù ／ 広報部
□**形象** xíngxiàng ／ イメージ
□**截止** jiézhǐ ／締め切り

□**筹备** chóubèi ／ 準備する
□**善于～** shànyú ~ ／～が得意

327

130 メールの再送をお願いする

定型表現 能否请您将～发送过来?
～をお送りいただけますか。

×

件名： **メールご再送のお願い**

林　立　様

お世話になっております。
本日午前9時が原稿の締め切りですが、現段階においてもまだ林様からの翻訳原稿を拝受しておりません。先ほどお電話しましたが、繋がりませんでした。

恐れ入りますが、このメールを受け取った後、すぐに翻訳原稿をお送りいただけますでしょうか。
メール送信後、お電話いただきたいと思います。もしメールが届かない場合は、当方のメールサーバーに問題があるかもしれません。

以上急ぎご返信をお待ちしております。

日本翻訳株式会社
翻訳部　本木　次郎

中国ビジネスの豆知識！

中国人と仕事をする時できればメールアドレス以外に、電話やSNSなど複数の連絡手段を確保することをお勧めします。
最近の中国人はビジネスでメールよりSNSを使う傾向があるように思います。普段は見ないのでメールボックスの容量が知らないうちに一杯になって、メールを受信できなくなっていたということもあります。

⊕ ここがポイント！

メールの再送をお願いする、原稿の提出をお願いする等の際に使用できる事例です。"截至目前，我们尚未收到您的翻译稿。"「現段階においてもまだ林様からの翻訳原稿を拝受しておりません。」を入れて、受け取っていないことをアピールしても良いでしょう。

☒

标题： **催稿请求**

林立：

您好！
今天上午9点是交稿期，但截至目前，我们尚未收到您的翻译稿。
刚刚给您打电话也没有打通。

不好意思，**能否请您在收到邮件后立即将译稿发送过来？**
并且在发送后电话通知我们一下，好吗？
以防因为我方邮箱服务器的问题而贻误邮件查收。

急待您的回复！

日本翻译株式会社
翻译部 本木次郎

単語 Vocabulary

□**交稿** jiāo gǎo ／ 原稿を提出する　　　　□**截至～** jiézhì ／ ～に至るまで
□**尚未** shàngwèi ／ 今なおまだ・・・ない　□**贻误** yíwù ／ ～を誤らせる

131 久しぶりに連絡する

定型表現 你最近怎么样?
最近元気?

おひさしぶり。前回会ってからもう3年以上か。時間が経つのは早いね。最近どう?

> ほんとに久しぶりだね。こちらは順調よ。ご心配なく。まだアメリカにいるの?

そうだよ。でも来年卒業したら帰国するつもり。

> じゃあご両親が喜ぶね。

そうなの。二人とも年を取ったからね。

> 仕事は? 目処が付いている?

ほぼ決まったよ。コンサルティング会社の2社のうち、1社を選ぶ。

> いいな。海外の名門校卒業は就職に苦労しないのよね。

📖 中国ビジネスの豆知識!

中国では古くから「父母在、不远行」という言葉があります。いまは、仕事や自分の夢を最優先にしたい人が多くなってきましたが、将来のことで悩むとき、この言葉は選択肢の一つとして思い浮かべます。

⊕ ここがポイント！

交友関係を維持するために時々このような近況の連絡をしておくと良いですね。
家族のこと、仕事のことなど何でも情報交換出来る関係を築いておくと良いです。

好久没联系了，自上次见面至今已经3年多了，时间过得真快啊。你最近怎么样？

真的是好久没见！我这里都挺好的，勿念。你还在美国吗？

是的，但是明年毕业就打算回国。

那你父母肯定很开心了。

是啊，父母年纪都大了。

工作有眉目了吗？

基本上定了，两家咨询公司里选一个。

羡慕你，海外名校毕业就是不愁找工作。

単語 Vocabulary

□勿 wù ／"不要"（〜するな）の書き言葉
□咨询 zīxún ／コンサルティング
□眉目 méimù ／見通し
□不愁 bù chóu ／心配しない

331

定型表現 我下周去上海出差，到时候能否找个时间见面?
来週上海に出張するけど、会う時間ある?

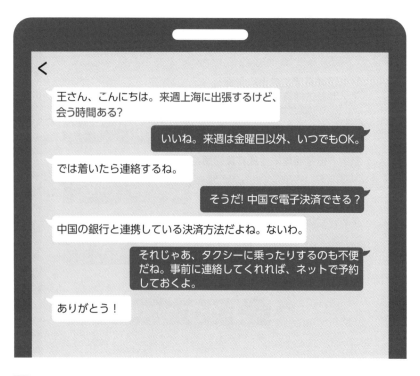

王さん、こんにちは。来週上海に出張するけど、会う時間ある?

いいね。来週は金曜日以外、いつでもOK。

では着いたら連絡するね。

そうだ! 中国で電子決済できる?

中国の銀行と連携している決済方法だよね。ないわ。

それじゃあ、タクシーに乗ったりするのも不便だね。事前に連絡してくれれば、ネットで予約しておくよ。

ありがとう!

🗐 中国ビジネスの豆知識!

今の中国はほとんど電子マネー決済天国です。現金は使えることは使えますが、現金対応可のタクシーは予約なしで拾おうとすると苦労します。

⊕ ここがポイント！

中国では困っている時はお互いに助け合うのが当たり前のことです。"有什么需要我帮忙吗"「何か手伝うことある？」等が有用な表現です。

小王，你好！我下周去上海出差，到时候能否找个时间见面？

好的！我下周除了周五都行。

好，到了以后联系你。

对了，你在中国可以电子付款吗？

跟中国的银行绑定的那一种吗？我这没有。

那估计你打车什么的会不方便。有需要提前联系我，我可以网上预约。

那太感谢了！

単語 Vocabulary

□电子付款 diànzǐ fùkuǎn ／ 電子決済
□绑定 bǎng dìng ／ 紐付け、連携
□网上预约 wǎngshàng yùyuē ／ ネット予約

133 食事に誘う

定型
表現 要不要出来聚一聚啊?
よかったら、ご飯食べに行かない?

> 張さん。おはよう。お久しぶり！
> よかったらご飯でも食べに行かない？

おはよう！！会いたいよ、会いたい！いつにする？
今週はちょっと仕事が忙しいけど。来週ならOK。

> じゃあ来週ね。なに食べたい？

うん、コスパがよくてロケーションがいい
ところがいいな。

> (リンクを送って)この店はどう？ちょっと
> 高いけど、評判はすごくいいよ。

食べたことないけど、名前は聞いたことあるね。
良さそう。

> わかった。じゃ、予約しておくね。

お願い！

中国ビジネスの豆知識！

中国では公私ともに食事を共にすることで親交を深めます。若者たちの間では、割り勘が増えているようですが、誰かが一人でおごる文化はまだまだ根強いです。その場合、無理に断らずに、次回誘い返して、その際おごるようにすれば良いのです。

⊕ ここがポイント!

このようなカジュアルなやりとりは主語を抜いたり、感嘆詞を加えたりしてラフな表現にすると良いでしょう。例えば"我想聚。"ではなく"想聚啊！"というように。

> 小张，早上好! 好久没见啦，要不要出来聚一聚啊?

早！！想聚啊，特别想！什么时候聚? 我这周工作紧，下周可以！

> 那就下周，咱们吃什么?

嗯，找个性价比好的，环境好的吧。

> (发个链接)这家如何? 有点儿贵，但口碑极好。

听说过但没吃过，看起来很不错啊。

> 好，那我就预订了啊。

拜托你啦！

単語 Vocabulary

□聚 jù ／ 集まる、催しをする
□啥 shá ／ なに("什么"の口語)
□咱们 zánmen ／ (話し相手も含めた)私たち

335

134 外出に誘う

定型表現 我们去赏樱，你能来吗。
桜を見に行くんだけど、来れますか？

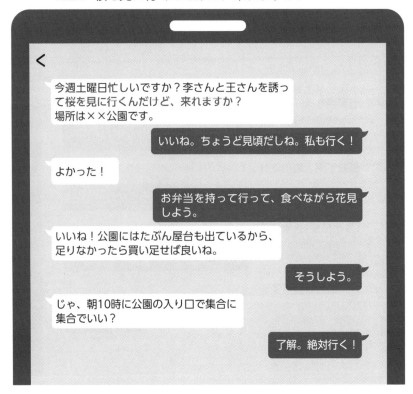

今週土曜日忙しいですか？李さんと王さんを誘って桜を見に行くんだけど、来れますか？
場所は××公園です。

いいね。ちょうど見頃だしね。私も行く！

よかった！

お弁当を持って行って、食べながら花見しよう。

いいね！公園にはたぶん屋台も出ているから、足りなかったら買い足せば良いね。

そうしよう。

じゃ、朝10時に公園の入り口で集合に集合でいい？

了解。絶対行く！

📑 **中国ビジネスの豆知識！**

中国国内でも桜が増えており、花見のスポットが増えています。中国人は大勢でわいわいやるのが大好きなので、誘われたらできるだけ参加すると仲が深まるでしょう。

⊕ ここがポイント！

こちらもカジュアルな誘いのチャットです。なので"！"を使って気持ちのこもった表現にしたいものです。台詞の後ろに感嘆詞の"哇"や"啊"などをつけても軽さが出ます。

这个周六忙吗？我和小李小王约了去赏樱，你能来吗。地点××公园。

> 好哇，正是樱花烂漫时，我也去！

太好了！

> 我们可以带盒饭过去，边吃边赏。

好主意。公园里估计也有小吃摊位，不够再买。

> 好的！

那就约早上10点公园门口见，行吗？

> 没问题。不见不散！

単語 Vocabulary

□赏樱 shǎng yīng ／ 桜の花見　　□烂漫 lànmàn ／ 満開
□盒饭 héfàn ／ お弁当　　□摊位 tānwèi ／ 屋台
□不见不散 bújiàn búsàn ／ 会うまで解散しない（＝必ず会いましょう。）

135 遅刻の連絡をする

定型表現 可能要迟到30分钟左右。
30分ほど遅れそうです。

> 王主任、申し訳ございません。本日11時に貴社を訪問する件ですが、30分ほど遅れそうです。

> 品川と新橋の間で電車が突然止まってしまいました。どうも前方で事故があったようです。

>> 分かりました。大丈夫です。状況を銭部長に伝えます。

> ご面倒をおかけします。

>> 部長は少々遅れても大丈夫と言っています。ちょうど午後に予定が入っていませんので、よろしければ一緒にランチでもいかがでしょうか。

> それは良かったです。王主任と銭部長のご理解に感謝致します。電車の運行が再開されたらすぐにご連絡致します。

>> 分かりました。ご連絡お待ちしています。

📄 **中国ビジネスの豆知識！**

中国は電車では周囲のことをお構いなくしゃべったり電話したりする人が多いです。一方お年寄りに席を譲るのは、中国の若者の方がずっと積極的に感じます。

⊕ ここがポイント！

このような遅刻の連絡の時には現在の状況を説明し、相手に判断を委ねます。"给您添麻烦了。"「ご面倒をおかけします。」の一言を加えると良いでしょう。

<

> 王主任，非常抱歉！今天定好11点拜访贵公司，但可能要迟到30分钟左右。

> 我们现在卡在品川站和新桥站之间，电车突然停车，说是前方遇到了事故。

我明白了，没关系的，我把情况反映给钱部长。

> 给您添麻烦了。

部长说晚点没关系，中午正好没有安排。你们如果来得晚不妨一起吃工作餐。

> 那太好了，感谢您和钱部长的理解！！电车一开我就立刻联系您。

好的，我等你们通知。

単語 Vocabulary

□卡 kǎ ／詰まる
□工作餐 gōngzuòcān ／ビジネスランチ（従業員または来客のために用意するシンプルなランチ）

136 返事が遅れた時の連絡

定型
表現 抱歉，我剛看到你的留言。
ごめんなさい、さっきメッセージを見ました。

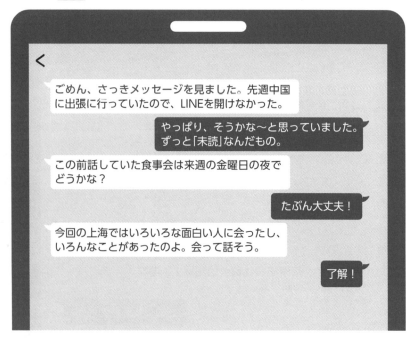

> ごめん、さっきメッセージを見ました。先週中国に出張に行っていたので、LINEを開けなかった。

やっぱり、そうかな〜と思っていました。ずっと「未読」なんだもの。

> この前話していた食事会は来週の金曜日の夜でどうかな？

たぶん大丈夫！

> 今回の上海ではいろいろな面白い人に会ったし、いろんなことがあったのよ。会って話そう。

了解！

📃 中国ビジネスの豆知識！

Google関連サービスやLINEは中国では使えません。連絡を取りたい人は出張前にWechatを登録しておくと良いかもしれません。ただし、Wechatでは政治、歴史に関わる敏感なテーマを書くことは極力避けたほうが無難です。

⊕ ここがポイント！

返信の遅れは頻繁に起こりますので、それほど恐縮することもありません。謝罪は"抱歉"とだけ表現すれば良いでしょう。

> 抱歉，我刚看到你的留言。上周去中国出差，LINE打不开。

>> 果然如此！我猜也是，因为你一直是"未读"状态。

> (你说的)聚餐定下周五晚上可以吗?

>> 应该可以！

> 这次在上海遇见好多有趣的人和事，见面聊！

>> 好的！

単語 Vocabulary

□留言 liúyán ／ メッセージ、伝言
□果然如此 guǒrán rúcǐ ／ 案の定、やっぱり
□聚餐 jùcān ／ 食事会
□有趣的 yǒuqù de ／ 興味深い

137 急ぎの相談をする

定型表現 今天的聚会我去不了了，抱歉！
今日の集まりはやめておく。ごめんね。

王さん、娘が昨晩突然発熱して、今も熱が下がっていないので、今日の集まりはやめておく。ごめんね。

> こっちは大丈夫よ。お子さんかわいそうね。早く良くなると良いね。

ありがとう。午前中病院に連れて行って点滴してもらう。

> 暑かったり、寒かったり、調子崩しやすいよね。あなたも気をつけて！

お互いにね。また会おうね。

> うん！

💬 **中国ビジネスの豆知識！**

中国では熱が出ると、治りが早いとして、点滴治療を行う病院が多いです。特に子どもが熱が出ると親は心配のあまり熱を早く下げようとします。

⊕ ここがポイント!

友人同士のやりとりはカジュアルな表現が増えます。"嗯"「うん」などもこのような場面にふさわしい表現です。

<

小王，我女儿昨晚突然发烧，到现在烧还没退，今天的聚会我去不了了，抱歉！！

没事没事！小孩子好可怜，希望她赶紧好起来啊！

谢谢你！我今天早上先带她去医院挂水。

嗯，这个天气忽冷忽热，最容易生病了，你自己也保重啊！

你也要注意身体，下次再约！

好的。

単語 Vocabulary

□ **发烧** fāshāo ／ 発熱
□ **挂水** guà shuǐ ／ 点滴
□ **去不了** qùbuliǎo ／ 行けない
□ **可怜** kělián ／ かわいそう
□ **忽冷忽热** hū lěng hū rè ／ 暑かったり寒かったり

138 求人を紹介する

定型表現 有家公司想招销售人员，你感兴趣吗？
営業の人材を募集している会社があるけど、興味ありますか？

> 花ちゃん　営業の人材を募集している会社があるけど、興味ありますか？

>> 私はダメよ、転職したばかりで、しばらく動きたくありません。

> 分かりました。募集の情報を転送しますが、誰か推薦できる人いませんか？

>> いるかも。（情報を）送ってください。

> 分かりました。すぐ送ります。その会社の営業部の部長を知っていますが、有能な人材をすごく欲しがってるみたいです。待遇は相談可とのことですよ。

>> 受け取りました。探してみます。
>> 条件に合った人がいたら、連絡しますね。

📖 **中国ビジネスの豆知識！**

中国で「仕事で最も大事にすることは何？」という調査が行われ、その結果、「影響力がある」「自分が成長できる」「尊重される」「達成感がある」「認められる」という選択項目のうち、大差をつけて1位となったのは、「尊重される」でした。

⊕ ここがポイント!

プライベートのチャットですが、人材を紹介してほしいという内容です。"有合适的就告诉你。"「条件に合った人がいたら連絡しますね。」が使える表現です。

＜

小花，有家公司想招销售人员，你感兴趣吗？

我可能不行，最近刚换了公司，暂时不想动。

明白了。那我把招聘信息发给你，你看看有没有人可以推荐？

可能有，那你发过来吧。

好，我现在就发。这家公司的销售部长我认识，求贤若渴，薪水待遇可以商量。

收到了，我帮你找找看，有合适的就告诉你。

単語 Vocabulary

□**销售人员** xiāoshòu rényuán ／ 販売員、営業員　　□**暂时** zànshí ／ しばらく
□**招聘** zhāopin ／人材募集　　□**求贤若渴** qiú xián ruò kě ／ 有望な人材を強く求める
□**薪水** xīnshuǐ ／ 給与

139 郵便物が届いたか確認する

定型表現 上个月寄给你的快递收到了吗?
先月送った速達届いた?

<

> 先月送った速達届いた?

まだよ。ずっと待っているんだけど。

> おかしいなあ。郵便局の人は1週間で届くって言ってたのにな。

追跡番号を送って!調べてみるよ。

> 伝票を取っておかなかったんだよね。なくしちゃった。

ええ? しょうがないな。もう少し待ってみる。
それでもダメなら郵便局に聞きに行くわ。

⊕ ここがポイント！

カジュアルな表現として"啊"や"呢"を付けたり、"要不然"を"要不"に省略すると軽さが出ます。

〈

上个月寄给你的快递收到了吗？

没有啊，我也一直在等呢。

好奇怪啊，邮局的人说一个星期就能收到的。

你把快递单号给我，我来查查。

我忘了留，给弄丢了。

唉哟，那没办法了……要不再等等吧，不行就问问邮局。

単語 Vocabulary

□**奇怪** qíguài ／ おかしな
□**快递单号** kuàidì dān hào ／ 速達番号
□**唉哟** āiyō ／（驚いた時などに口にする）あら、おや

140 雑談をする

定型表現 想请教一件事，可以吗?
一つ聞いてもいいですか?

> 一つ聞いてもいいですか?

もちろんです。

村上春樹の作品ですが、中国では翻訳者による翻訳本があるって聞きましたが。

そうです。何冊か読んだことがありますが、確かにスタイルが違うようですね。

読んでみたいですが、だれが訳したものいいか分からなくて。お勧めはありますか?

難しいですね。私が読んだものの中では、中国語の流暢さにこだわるものもあれば、原作の持ち味をいかしているものもあります。好みの問題だと思います。

確かに、それぞれ好みも違いますしね。とにかくまずは自分で一冊を選んでみます。

📋 **中国ビジネスの豆知識！**

村上春樹の作品は中国でも人気があるだけに、翻訳書の種類も多くあり、どの翻訳者の本が一番良いかについてはなかなか定論がありません。

⊕ ここがポイント！

このような雑談をするチャットも軽さを出したいところです。会話表現をそのまま使用すると良いでしょう。

＜

> 想请教一件事，可以吗？

> 没事，你说吧。

> 我听说村上春树的作品在中国有很多翻译版本？

> 是的，我看过几本，确实风格不一样。

> 我现在想看但不知道该看谁翻的？
> 你有推荐吗？

> 不好推荐啊，我看的那几本，有的重视中文的流畅性，有的重视原文的韵味，要看你的口味了。

> 嗯，萝卜青菜各有所爱，我先找一本自己读读。

単語 Vocabulary

□版本 bǎnběn ／ バージョン　　□风格 fēnggé ／ スタイル
□流畅 liúchàng／流暢な　　　　□韵味 yùnwèi／持ち味
□口味 kǒuwèi ／ 好み
□萝卜青菜各有所爱 luóbo qīngcài gè yǒu suǒ ài ／それぞれ好みも違う、蓼食う虫も好き好き

親子をつないだ、中国のメッセージアプリ

あるとき、中国と接点が1つもなかった知人がこぼしていました。
「大学生の息子がバックパッカーとして中国に旅行に行くのが心配だ」と
言うのです。LINEが通じないらしいという情報は聞いていたそうです。
そこで私はWechatをご紹介し、息子さんが出発する前に、親子で連絡
取れるようダウンロードするようにその知人にお勧めしました。
後日その方から連絡をいただき、「中国語が全くできなくてもカンタン
に始められました。LINEと同じように使えます。中国のどこからでもチャッ
トや写真のやり取りができて、しかもリアルタイムで連絡が取れたので、
大変助かりました」とのことでした。

ビジネス・旅行・留学などの目的にかかわらず、中国に行くことがあり、
連絡手段を確保する必要がある方は、ビジネス・プライベートどちらで
もWechatを使うと便利だと思います。

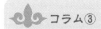

中国のドメインには、独自のセキュリティーがある

かつて中国人の顧客に製品紹介の資料を送る機会がありました。
いただいた名刺に書かれているメールアドレス宛に資料を添付して送りましたが、「添付資料がダウンロードできない」との返事がきました。
そこで、Wechatで送ったところ、「無事開けました」とのことでした。
中国で使用されているドメイン(@163.com、@126.com、@qq.comなど)には政府やポータルサイト独自のセキュリティーシステムが導入されています。
私が送った資料も、このセキュリティーによって弾かれてしまったのではないかと思います。
　資料がメールで送れないときにも、メッセージアプリは有用ですね。

CCアカデミー

2010年に設立された中国語・英語の語学塾。翻訳者通訳者の育成方法として通訳訓練法を主体とした教授メソッドと個別指導が特長。中国語講座では中上級者を対象とした幅広い授業を行っており、中でも2014年より開設しているビジネス中国語講座では、電話応対・メール文例を多く取り上げた実践型電話応対練習やメール文面の添削を行っている。

大羽りん（おおば・りん）

CCアカデミーの運営母体である株式会社シー・コミュニケーションズ代表取締役。現在拓殖大学、神奈川大学などでビジネス中国語、日中翻訳・通訳を教える。慶應義塾大学文学部卒業。ニチメン株式会社（現双日）中国部・国際金融部勤務を経たのち、日中技術交流サービス（中国語専門翻訳会社）、三井物産にて中国語翻訳・通訳に従事。2005年、翻訳通訳、語学研修を専門とし、CCアカデミーの運営会社である株式会社シー・コミュニケーションズを設立。著作に『中検4級レベルで勝負する！ビジネス中国語』（アルク）、『これだけは知っておきたい 中国人の常識と非常識』（ランダムハウスジャパン）、『マンガで学ぶやさしい中国語入門』（学研教育出版）など。

趙青（ちょう・せい）

フリーランスの翻訳・通訳者。南京大学日本語科卒業。中国・日本の双方で大手日系企業や工場の社長秘書および翻訳・通訳に従事。株式会社シー・コミュニケーションズ、秀林外国語専門学校にて中国語通訳・翻訳の講師も務める。著作に『商経学部生のための読む中国語』（白水社）がある。

カバーデザイン	麒麟三隻館（花本浩一）
本文デザイン／DTP	トライアングル（高向敦子）
校正	東京出版サービスセンター（大宮さつき） 上野振宇
本文イラスト	田中斉

ビジネスで1番よく使う中国語Eメール&SNS

令和3年（2021年）10月10日　初版第1刷発行

著　者	CCアカデミー／大羽りん／趙青
発行人	福田富与
発行所	有限会社Jリサーチ出版 〒166-0002　東京都杉並区高円寺北2-29-14-705 電話　03（6808）8801（代）　FAX 03（5364）5310 編集部　03（6808）8806 https://www.jresearch.co.jp
印刷所	株式会社シナノ パブリッシング プレス

ISBN978-4-86392-529-8　禁無断転載。なお、乱丁・落丁はお取り替えいたします。